后浪出版公司

我每天只工作3小时

押井守的角色学

[日] 押井守 著
谢承翰 高詹灿 译

四川人民出版社

/ 目录 /

/ 前言 /

电影是上班族都该看的最佳教科书

我的本行是电影导演，但不知何时起，我开始论述起组织管理中的“胜败”。例如在我 2006 年出版的《为了胜利而奋战吧！》一书中，除了电影与游戏外，也谈到了足球比赛的胜败。

对于足球，我原本只知道像是“除了守门员，其他的队员都不可以用手”这类的简单规则，但渐渐地，比起赛场上的胜败，我开始对“足球俱乐部这种组织的目的为何？又具有怎样的风格？”“当球队处于哪种状况，或是在哪种条件下，主教练会接连换人呢？”等方面产生了兴趣。

在抱持上述想法后，我慢慢发现“原来足球队主教练与电影导演在某些基本想法上是如出一辙的”。那些在我近三十年电影导演资历中发现的事，套用在足球主教练身上也相当吻合，这让我感到饶富趣味。

是否能够引领球队走向胜利，就看主教练是否能够理解自己是在与谁比赛。令人意外的是，许多做主教练的人都没能理解这一点，因此搞错了方向。所以这类人无一幸免地败下阵来。

电影导演是一种相当有趣的商业角色，若是不能持续思考自己是在与谁比赛，那么别说要让执导的电影大卖特卖了，在那之前工作就会干不下去了。不过出人意表的是，在我周遭有不少电影导演都对这件事不甚明白，特别是年纪越轻的人，就越不懂这个道理。

客观来讲，这方面与观众、总观影人次、DVD 销售额，抑或是在戛纳电影节获奖、获颁日本电影学院奖，甚至是得到好莱坞的合作邀约，都截然不同。当一名导演仅为数字与评价而战时，最后几乎都会以失败收场。

从某种意义来说，我之所以能够担任电影导演长达三十个年头，正是因为拥有一套“胜败观”的缘故。当我发觉自己拥有一套相当优异的胜败观之后，我便很注意此事，以此展开胜负。我于六年前开始练习空手道，而在摸索出武道上的胜败观之后，这个想法变得更为强烈。

简单来说，在电影导演的胜败观当中，最重要的就是“不可以输”。我本人将这称作“不败的构造”。胜利本身并没有多重要，人生的胜败也不止一次，仅仅一次的胜败根本无足轻重。

电影导演与上班族之间当然存在着极大差异，不过我认为将这套胜败观再解读成“工作观”并非难事，因而决定着手撰写本书。

没朋友的乔治·卢卡斯

因为工作所需，我经常去位于旧金山的天行者牧场[1]，该处建有乔治·卢卡斯[2]创办的音效工作室，许多名声远播的电影都在此进行配音工作。总之，那里极其辽阔，根本无法搞清楚占地范围有多广。

询问工作室的员工也仅得到“这整片山头都是的”之类的答复，各工作室零散地坐落其中，还有鹿四处奔跑。如果发生火灾时才请求消防队前来灭火，肯定来不及，因此天行者牧场内也设置有私人的消防局。这里就是如此辽阔。

在这宽广的工作室当中有一个秘密小房间，据说卢卡斯本人偶尔会待在那里。那是一个类似阁楼的房间，外界完全不知道如何前往。音效工作室的某面墙可以像忍者机关般突然打开，里面设有电梯，那是通往秘密小房间的唯一路径。

想必各位会好奇我为何知道这件事。那是因为我曾经与卢卡斯在那里见过面。之前我在天行者牧场进行《攻壳机动队 2：无罪》（2004）的配音工作时，有工作室员工跟我说：“卢卡斯说他可以跟你见个面，但是你不可以带任何人。”那扇通往秘密小房间的门打开后，我从卢卡斯的直属员工，也就是“卢卡斯亲卫队”工作的房间旁边走过……真有种“谒见”的感觉。

就这样，我见到了卢卡斯本人，他看起来一点都不快乐。提到乔治·卢卡斯，这位很可能是现今日本年轻一辈影像从业人员所追求的终极目标之一。不过那天他除了脸色欠佳之外，说话口吻也很阴郁。在谈话过程中，他也没提到任何会让人对未来抱持梦想的内容。我当时不由得怀疑眼前这位大叔真的过得幸福吗？

除了乔治·卢卡斯之外，我也遇过其他被归类为“人生赢家组”的人，但是看过这些人的生活，即便他们想跟我交换人生，我也没那个意愿。他们实在都不像是人生赢家。老实说，就我的胜败观来说，把这些人当成目标没任何意义。

也许这听起来有点酸葡萄、不服输的感觉，不过就某个意义来说，他们是在自己的人生中，把自己给毁了。不管是谁，只要没事先预约就见不到他们，因此他们连朋友都没有。除了自己之外，就连家人身边也都随时配有保镖保护。

詹姆斯·卡梅隆[3]随身带着一名身形魁梧的黑人保镖。曾经我们一行人事先与他敲定时间，前去与他见面时，就被那位黑人保镖给拦下来，并质问说“你们是干啥的？”“我们是来见卡梅隆的。”结果得到的回应是“咦？你骗人！”（笑）。

成功总是需要连带背负着许多负担，譬如每天会接到两百通以上的推销电话，或是长年被数百件抄袭剽窃方面的官司缠身等，着实无法感受到丝毫自由。

或许有人会对此欣羡不已，但我并不认为这是一种正常的人生。虽然我所知道的只是其中的冰山一角，可是每当看到或是听到上述情况时，就会让我认为“这不正常”的想法更加坚定。

常常会有日本的电影导演或是演员将“我的目标是好莱坞”这句话挂在嘴边，而我对将进军好莱坞作为最终目标一事持保留态度。难道只要前往好莱坞工作，就可以称之为成功吗？或许就演员的角度来讲，比如像渡边谦、浅野忠信那样，在好莱坞拍过一两部电影就已经算是成功了吧……

在执导《攻壳机动队》（1995）[4]之后，我也曾经在好莱坞待过两三年的时间。但是老实讲，作为一位日本导演只身前往好莱坞，在那里几乎没啥好事。因为日美两国的体系可谓是截然不同。

即便在好莱坞制作过电影，也没什么好拿来说的。平常在日本，我制作一部电影的经费大约都落在两三亿日元，而地点换到好莱坞，其实也就是将经费提高到五六十亿日元，或有时提高到一百亿日元罢了。如果能以如此庞大的经费来制作电影，我当然也会想要一试，不过若因此把在好莱坞拍电影当成目标那可就没什么意义了。

这与在奥运会赛场上夺取金牌的意义完全不同。的确，对运动员来说，在奥运会夺金，乃至于刷新世界纪录会是他们的目标。但是换成一位电影导演，是否获颁好莱坞的最佳导演奖，与他是否实现了身为导演的目标全然无关。

即便是获颁了金棕榈奖[5]、奥斯卡金像奖[6]，之后是否还能继续拍“自己的电影”将会是个问题。虽然我没有仔细统计过，但是我想那些受奖人当中大约有七成都销声匿迹了吧。

比如以流星之姿横空现世，因《性、谎言和录像带》[7]一片获颁戛纳电影节金棕榈奖的史蒂文·索德伯格[8]，在那之后也转任制片人，并成为全好莱坞最会赚钱的人之一。但是为什么他非得要接拍《十一罗汉》[9]不可呢？那根本不可能会是他想拍的电影啊！

对我来说，所谓“导演的胜利条件”若是要为了赚钱而勉强自己去拍一些符合好莱坞口味的电影，就没有任何意义。在本书当中我将会大量提到这方面的内容。

曾经，我被外界称作“小众的帝王”，譬如在我执导《天使之卵》[10]的时期，完全没有必要去思考何谓“导演的胜利条件”。但是当我执导的《攻壳机动队》于美国《公告牌》杂志夺下录像带排行榜第一之后，可说是举世哗然，也开始会有许多人跑来找我，跟我谈许多事情。我的生活因此大大改变，开始飘散着一股纸醉金迷的味道。

虽说如此，我在做的东西本身还是没有任何改变。自那时起，我开始会去思考，自己身为一介导演最为重要的事情是什么？什么又是导演的胜利条件？等等。

世人所谓的“胜败”皆为虚幻

而我也开始觉得，拍摄一部电影就像是发动一场战争。之后约十五年间，我都会在拍摄电影时思索“有需要准备战略储备”、该从哪里开始发动攻势、攻势的极限、后勤该如何运作等方面。

换成是过去，我甚至不需要思考这些方面。因为世人已经为我贴上小众的标签了。而在那世人为我贴上的标签倏然改变时，我的心中不由得产生一丝冲突，或说是一股违和感。但也因此作为契机，让我产生了“再不认真考虑这方面，真的会完蛋啊！”的想法。即便不会真的完蛋大吉，我想还是会被逼着从事并非自己本意的工作吧。

当然啦，我并没有打算违背自己，可是既然有许多人抛出橄榄枝了，我也就从善如流地陪着他们谈谈啰！其中甚至有人捧着金额高达数十亿日元的制作费要让我拍电影呢！像《加尔姆战记》[11]就是如此。当时以七十亿日元的制作费开始了这个企划案，但是三年过去了，却没做出任何东西来。

也因为上述经验，让我深刻地思考到自己该以怎样的标准与目的来拍摄电影，攻势的极限在哪里，撤退时又该优先考虑哪些方面，是金钱还是时间呢？

除此之外，我也开始考虑到自己的身体状况。大约十年前，我就开始感觉自己的身体衰弱了不少。而我现在已经六十二岁了。自从感觉身体有衰弱的迹象，我便开始练习空手道，因为我的年龄已经需要与身体对抗了。

所谓的对抗，为的不仅是保持年轻，而是要掌握与自己的身体和睦相处的方法。

与身体对抗的方法有很多种。事实上，我也曾经抱持着想要练出更多肌肉的念头，并对改造肉体一事产生了快感，于是就开始前往健身房做重量训练。其实当时根本不该去的，因为我反而伤到了身体，而被家姐[12]一顿臭骂。

家姐的职业是舞蹈家，她已经持续与自己的身体做斗争有三十个年头了，“身体可没有你想的那么简单啊！”她说。简单讲来，我不应该仅仅为了追求成就感而去锻炼自己的身体。我的空手道师傅[13]也怒气冲冲地对我说“别再使用健身器材”。“只可以做靠自己的身体就做得到的事情”，这是他的观点。

至今为止，我仍然跌跌撞撞地在错误中学习。如果各位误以为现实里我是轻松获胜的话，这可会令我感到很困扰啊！

我只知道世人所谓的“胜败”皆为虚幻，而每个人所需的胜利条件也各有不同。原本我们就不可能找出一套方法，说什么“只要跟着照做，任谁都可以获得胜利”啊！因此根据职业类型、立场、性别等因素，每个人获得胜利的条件也会有所不同。

所以我从来不会对别人说“如果你想要胜利，就要做这件事！”之类的话。我只会说“你要为了胜利奋战不懈！”而已。

也就是说，既然都要战斗了，那就为了胜利而战吧。有些人就是会知道这件事。譬如家姐在身体方面就已经顿悟了解其构造，我的空手道师傅亦然。

在电影导演方面，我的师父所讲的话果然没错。曾经执导

《科学小飞侠》[14] 的鸟海永行先生 [15]，他是我的师父，于 2009 年谢世。时至今日，我常常会对他过去所说的话语感到恍然大悟。

人类无法战胜失败所带来的诱惑

在本书中，我不仅会以自身在胜败方面的论点作为基础，同时还会通过具体的电影作品，向各位介绍一些思考与言行方式，这些可以作为上班族在企业组织当中存活下来的参考。越是一部优秀的电影，其中越是蕴涵着迫近人类、社会本质的教训。而在本书中，我将向各位一一剖析。

首先就让我们看看《江湖浪子》[16] 这部年代颇为久远的美国电影吧。

或许会有人想说“什么？一部讲台球的电影？”，但其实这部电影几乎包含了完整的“胜败观”。在很久以前，我曾经为培养自己身为电影文青的内涵，而看了这部电影。时间拉到距今约十年前，我又偶然在电视上看到这部电影时，受到了极大震撼，几乎是瞠目结舌，没想到这原来是一部如此厉害的电影。

电影中伯特（乔治 · C · 斯科特饰）对以赌博师（hustler）为业的埃迪（保罗 · 纽曼饰）说过，“你是个输家”。这句台词便是电影的全部。

埃迪在比赛途中听到这句“你是个输家”，脑海中完全无法理解其含义，以致接下来兵败如山倒。简单来说，伯特以培养赌博师为业，他的地位等同于电影世界当中的制片人，而像我这种导演的地位就等同于埃迪了。

也可以将埃迪与伯特的关系理解成足球运动员与教练，或是其他相似的存在。无论是赌场、演艺圈，还是做生意，在这些必须与他人相互竞争的世界当中，一定就会产生输家。也就是说，这部电影是在阐述“人为什么会失败”的来龙去脉。而答案则是“人类无法战胜失败所带来的诱惑”。

没有比失败更令人感到舒适的事了。失败后，个性变得犹豫不前，一辈子都在回味失败的苦楚中度过就行了。这种舒适的日子，让人无法抗拒。反之，若是胜利了，接下来就要去持续获胜才行。所谓“胜利”二字，系指不断获胜直到永远；但只要失败一次，周边便会被不断的挫折环绕着，一辈子都沉浸在自我怜悯的情绪中。败北的蜜汁便是如此甜美。

此作品又以剧本最为出色。当时好莱坞的编剧可以说是身处于水深火热的世界。

他们既须面对因“猎红”[17]所带来的背叛及毁谤中伤，也需要与制片人周旋角力，同时更需要想方设法去让电影卖座……而这些斗争，衍生成商业行为且继续存在。身处这种世界的编剧所写出来的剧本自然是非同小可，与日本人那充满自我怜悯的文字是全然不同。剧本的表现极其强烈，果然是以实用主义立国的美国所推出的剧本。《江湖浪子》这部电影的不同凡响，从此也可见一斑。

偶尔我也会和年轻人提到这部电影，但是大家都没有看过。所以有时我也会想，为什么想要拍电影的人，却连《江湖浪子》都没有看过？可想想也是，我甚至还认识许多连让-吕克·戈达尔[18]是谁都不知道的人呢！大家现在基本上都对经典电影兴致索然。

无论是跟着我工作的副导演，或者跟我有交情的年轻导演，大家都对近期推出的电影如数家珍，却都完全不去看经典电影。有时我真想叫他们去茑屋书店[19]的经典电影区逛逛，或是有空的时候，每天看一部经典电影。

因为看时下的电影其实没什么用。如果对过去的电影弃若敝屣，那么不管看再多现在的电影也没什么帮助，因为其中完全没有可供学习的地方。顶多就是能掌握最近的趋势罢了。而大家都一窝蜂地追求这股趋势，并欲借此一决胜负，这真是天大的错误。在考高中或是考大学时还可以借由趋势与对策来获胜，但是光凭趋势与对策不可能成为人生的赢家。

我将以这样的形式，将自己感觉值得玩味的电影以及从中推导出的上班族处世之道推荐给各位。我几乎没有上班族的经验，但是从一名旁观者的角度来看，我发现现在的上班族既要去烦恼全球化，又需要去挂怀绩效提升之类的事情，所处的世界可说是越来越严苛了。

虽说如此，无论时代如何演进，组织都不会出现变化。而组织的本质大多存在于电影当中，因此希望各位能够陪我看到最后，进而掌握属于自己的胜利，并度过毫无悔恨的人生，如此一来我将感到不胜荣幸。

1. 天行者牧场（Skywalker Ranch）
乔治·卢卡斯以《星球大战》系列获益所建的工作室总称。位于加州旧金山湾区郊区的广大腹地当中，有卢卡斯影业有限公司以及天行者音效工作室等。（若无特别说明，本书尾注皆为日版原编者注。）

2. 乔治·卢卡斯
（George Walton Lucas Jr，1944— ）
美国电影导演、制片人。主要作品包括《美国风情画》（*American Graffiti*，1973）、《星球大战》（*Star Wars*，1977）等。近年来（1999—2005）除了推出《星球大战》前传三部曲之外，已逐渐远离导演工作。

3. 詹姆斯·卡梅隆
（James Francis Cameron，1954— ）
加拿大电影导演、编剧、制片人。主要作品包括《终结者》（*The Terminator*，1984）、《泰坦尼克号》（*Titanic*，1997）、《阿凡达》（*Avatar*，2009）等。

4.《攻壳机动队》
于 1995 年在日本上映的动画电影。导演：押井守，编剧：伊藤和典，主演（配音）：田中敦子。改编自士郎正宗的漫画原著。剧情围绕在公安九课接获受全球通缉的高超黑客“傀儡师”已进入日本的情报，因此展开搜查。一度占据美国《公告牌》（*Billboard*）杂志录像带单周销售排行榜第一，于海外备受好评。

5. 金棕榈奖（Palme d'Or）
法国戛纳国际电影节的最高奖项。日本的《地狱门》（1954）、《影武者》（1980）、《楢山节考》（1983）、《鳗鱼》（1997）等作品曾获得过这一荣誉。

6. 奥斯卡金像奖（The Oscars）
即美国电影学院奖（Academy Awards），因获奖者获颁一座被称作奥斯卡像的小金人，因此学院奖又被称作奥斯卡金像奖。

7.《性、谎言和录像带》
（*Sex, Lies and Videotape*）
于 1989 年上映的美国电影。导演、编剧：史蒂文·索德伯格，主演：安迪·麦克道威尔（Andie MacDowell）、詹姆斯·斯派德（James Spader）、彼得·盖勒（Peter Gallagher）等。安和老公约翰是一对生活完全不虞匮乏的夫妻，但约翰却和安的妹妹辛西亚私通。在约翰的朋友格雷厄姆出现之后，三人之间的关系也逐渐改变。

8. 史蒂文·索德伯格
（Steven Andrew Soderbergh，1963— ）
美国电影导演、编剧、制片人。电影长篇处女作《性、谎言、录像带》于 1989 年戛纳国际电影节获得金棕榈奖，成为史上该奖项最年轻获得者。

9.《十一罗汉》（*Ocean's Eleven*）
于 2001 年上映的美国电影。导演：史蒂文·索德伯格，编剧：特德·格里芬（Ted Griffin），主演：乔治·克鲁尼（George Clooney）、布拉德·皮特（Brad Pitt）等。由假释中的盗窃犯丹尼·奥逊与他所率领的十名盗窃伙伴挑战抢劫位于拉斯维加斯的赌场金库。本片是 1960 年同名电影的翻拍版。

10.《天使之卵》
于 1985 年发售的原创录像带动画（Original Video Animation，即 OVA）作品。原案、导演、编剧：押井守，主演（配音）：兵藤真子、根津甚八。本片几乎没有故事，台词也相当少，是以圣经故事为雏形，再做出色彩变化的概念性动画作品。押井导演也因本作而被评为“一位拍摄晦涩难懂作品的导演”，以至于之后一段时间都没有接到工作。但受到部分宗教人士的欢迎。

11.《加尔姆战记》
原定于2000年上映的电影企划案。数字引擎制作公司推出的企划，由押井守担任导演、万代影视出资，是一部以数字科技结合了真人、特摄、动画等元素的奇幻作品。虽说在设定与美术方面煞费苦心，但最后高达七十亿日元的天价制作预算仍让该企划遭遇瓶颈，因而被一时冻结。在2013年时，以原企划案作为基础，沿用了其设定与美术设计的电影作品《加尔姆战记：最后的德鲁伊》（*Garm Wars: The Last Druid*）正值制作中（后于2014年放映）。

12. 家姐
指最上和子，舞蹈家，出生于东京都。曾任粉领族、护士等职业，后于四十岁之龄踏上舞蹈一途。主要公演有 *Pneuma* 系列、*Aeon* 等。

13. 空手道师傅
指小说家今野敏，为押井导演所属之“今野空手道补习班”的总教练。

14.《科学小飞侠》
富士电视台于1972年开始播出的电视动画作品。原作、角色设定：吉田龙夫，总导演：鸟海永行。剧情描述五位年轻人穿上特殊战斗服化身“科学小飞侠”，挺身对抗秘密结社恶魔党。质量在当时的电视动画作品中堪称顶尖，是龙之子制作公司英雄动画中的代表作品。

15. 鸟海永行（1941—2009）
日本电影导演、小说家，出生于神奈川县。于1966年进入龙之子制作公司，后于1972年被拔擢为《科学小飞侠》的总导演，该作品在当时人气极为旺盛。之后进入同一公司的押井导演对其深为景仰，其后追随鸟海的脚步进入小丑工作室，并参与了《尼尔斯历险记》（1982）的制作。

16.《江湖浪子》（*The Hustler*）
于1961年上映的美国电影。导演：罗伯特·罗森（Robert Rossen），编剧：罗伯特·罗森、西德尼·卡罗尔（Sidney Carroll），主演：保罗·纽曼（Paul Newman）、杰基·格利森（Jackie Gleason）、乔治·斯科特（George Scott）等。一部深入剖析对人类来说何谓胜利、何谓失败的作品，占全片约三分之二片长的台球场景也是其一大可观处。

17. 猎红（Red Baiting）
指冷战时期西方诸国的政府于社会面排除国内共产党支持者的行为。“二战”后盛行于美国的“猎红”运动在其中最为有名，好莱坞内部亦有许多导演、编剧、演员成为“猎红”的对象。

18. 让 - 吕克·戈达尔
（Jean-Luc Godard，1930—　）
法国电影导演、制片人、影评人、演员。为法国新浪潮运动（Nouvelle Vague）的执旗手。主要作品包括《筋疲力尽》（*À bout de souffle*，1960）、《狂人皮埃罗》（*Pierrot le fou*，1965）等。

19. 茑屋书店
日本著名的连锁书店，其零售、租赁DVD影碟的店铺遍布日本全国各地。——编者注

我每天只工作3小时

押井守的角色学

别人没问，就不要随意回答！

失败得再漂亮也没有意义

1

一架货运兼载客机飞经沙漠时，因遭遇沙尘暴而紧急迫降。机上十二名乘客侥幸地大难不死，并于原地等待救援队前来。但由于飞机大幅偏离寻常航道，故未被救援队发现，此时就连机上搭载的饮用水也所剩无几。其中有人耐性磨尽而欲徒步前往绿洲，几天后再次被发现时，已成为一具死尸。

年轻的飞机设计师海因里希建议从双发动机中取下未损坏的引擎，利用现存机体改造为单发动机飞机，借此从沙漠逃出生天。虽说资深飞行员弗兰克对海因里希的计划不甚信任，但是觉得再怎么样也比坐以待毙要好，因此带领所有人开始机体改造工作。最后将完成的改造飞机命名为“凤凰号”，幸存者将乘上它挑战一场以生命为赌注的飞行。

电影中完全没有女性角色登场，而是由诸位个性派男演员挑大梁。按照押井导演的话来说，这是一部极致的“男性电影”。登场角色在人性上各有弱点，诸位男子汉将在电影中上演一段段充满汗臭味的纠葛与争执。

《凤凰劫》（*The Flight of the Phoenix*）

于 1965 年上映的美国电影。
导演：罗伯特·奥尔德里奇
编剧：卢卡斯·赫勒
主演：詹姆斯·斯图尔特、
理查德·阿滕伯勒、
哈迪·克吕格尔等。

首先让我们来看看罗伯特·奥尔德里奇执导的《凤凰劫》吧。这部电影在近年被翻拍重现大银幕（2004年上映的《凤凰号》，导演为约翰·摩尔［John Moore］）。感觉近年来好莱坞常常会翻拍“猎红”时期之后推出的作品。我认为这是因为当时作品的剧本非常扎实，而《凤凰劫》更有不少奇观与动作场景，算是一部最适合被翻拍的作品了。

如果光看好莱坞各时期的话题电影，可能除了当时的潮流以外什么都看不到。但好莱坞毕竟具有绵密完整的历史，其中重要的关键词之一便是“猎红”。

时值“二战”后的冷战时期，西方诸国政府皆对共产主义者加以清洗。在美国好莱坞不少知名人士也因此受到排挤，许多导演、编剧、演员相继成了“猎红”的对象。曾执导《码头风云》[1]的伊利亚·卡赞[2]就因为在听证会上泄漏出其他抱持共产主义的电影界人士姓名，而被指责是转向者与叛徒。

“猎红”的惨烈之处，在于大家都迫于无奈而相互背叛。如果自己不先背叛他人，可能就会被其他人先给出卖了，无论是好友、老师、下属，还是枕边人都无法信任。电影界人士同样也是互相猜忌。即便身处此般局势，电影编剧达尔顿·特朗勃[3]仍然不肯转向，因此受到电影界的长期孤立。之后他虽通过导演《无语问苍天》[4]，重返影坛，但当时他已经有十多年都未能堂堂正正地工作了。在“猎红”时期，既有像他这样子的非转向派，也有像卡赞一样的转向者。

奥尔德里奇是“猎红”之后的一代电影人。“猎红”时期他尚未晋升为独当一面的导演，因此侥幸未陷漩涡当中。但是他像一部电影的助理导演一样，亲眼见证了自己的前辈们如何面对“猎红”，又如何度过了那段时期。

既有出卖者，亦有被出卖者；有人因此身陷囹圄，也有人被搞到无法正常工作。彼时的奥尔德里奇持续观察与思考“人如何对抗外压，并贯彻自身信念”这样的问题，而这也成了其日后拍摄电影时的主题。人如何在逆境当中守护自身信念，也就成了他的导演方法论。也可以说是一种“说明书”吧。

奥尔德里奇曾经拍摄过以监狱、军队为背景的电影，试图通过表现此类特殊组织，向观众传达如何贯彻自身信念的方法论。若是正面迎战逆境，只会头破血流，崩溃消亡；因此其电影中的角色常常面对强权，为了贯彻自身信念，不惜用尽暴力、骗术、欺诈，甚至找关系等一切手段。奥尔德里奇的电影就是关于这些为了贯彻自身信念而不择手段的人的，像讲述女子摔角手的作品《加州玩偶》[5]便是其中典型。

奥尔德里奇拍摄过各种题材的电影，战争、运动、历史等等。通过这些电影，他想传达给观众的，就是其一直坚持的胜败观。

或是在监狱的橄榄球比赛（请参考第九章《最长的一码》）中如何取胜，或是在严峻的战争中如何生存，又或是如何在上级乱七八糟的命令之下守护自己与下属的性命。其中最关键的就是胜败观。

宁愿为了胜利而赌上自己的性命，也不想作为失败者而活下去。因为无法实现自身信念的话，苟延残喘的人生一点儿意义都没有。或许与强权妥协也是一种人生策略，但他并没有选择。无论对方是强势的举办方，还是国家机器、军队上级，他都是如此。

预留不小心穿帮时可供强辩的证据

在《凤凰劫》当中，剧情一开始飞机就在飞经撒哈拉沙漠某处时遭逢沙尘暴，导致飞机故障而被迫降落。机上的美国飞行员弗兰克（詹姆斯·斯图尔特饰）是一名现实主义者，同时也颇具有领导气质。

众人必须设法自沙漠脱身，移动至距离最近的绿洲才行。双发动机（两侧机翼各有一具引擎）飞机的单侧引擎以及主机翼尚未损坏，因此其中就有人提出“改造成单引擎发动机，飞回去”的想法。

接下来自然会出现持反对意见，认为“这根本不可能做到”的角色。他认为不该为了改造飞机，浪费珍贵的饮用水与食物，而要徒步去寻找绿洲。最后众人分歧成“徒步寻找绿洲”“原地等待救援”“改造飞机”三派观点。虽说主张各异，但也各有其道理。

此时德国男性海因里希（哈迪·克吕格尔饰）提议，“我是一名飞机设计师，所以就由我来发号施令，由各位提供劳力，一起来改造飞机吧！”虽说是要改造飞机，也只是先飞至绿洲就行了，因此无须飞得太高，同时也不大需要转向性能，只要能保持平衡飞过沙漠上空就绰绰有余了。这个方法比徒步走过灼热的沙漠要好上许多。

众人与绿洲之间尚存在一段距离。究竟是徒步前往绿洲合理，还是该原地不动，最低限度地消耗饮用水与食物，静待救难队前来？又或是该赌一把，改造单引擎飞机飞往绿洲呢？不过这些的目的皆是在于“活着回去”。飞行员自尊心极强、脑袋又死板，一开始认为改造飞机是一件不可能的事情，但最后也屈服；其他人也就跟着勉强同意了。

于是众人终于开始改造飞机了，但是某天飞行员却不小心发现德国人的行李中放着飞机模型公司的广告单。“你说你在做的飞机，该不会是飞机模型吧？”他问。而当德国人理直气壮地回说：“对啊，这有什么问题吗？”这样我们就可以明确地知道他所设计的其实都是飞机模型。他那“我是做飞机模型啊，那又怎样”的态度也是这部电影中最为有趣的部分。

他的态度顿时令飞行员陷入一阵错愕，毕竟一开始是因为对方说自己是飞机设计师才会相信他的啊！这开始令身为现实主义者的美国人产生了“这样子做出来的飞机能载人飞起来才怪”的想法；德国人却觉得自己一点都不理屈，认为一个人既然可以制造出飞机模型，自然也就能做出能载人的飞机。

“我是飞机方面的专家，飞机模型与真正飞机在原理上并无不同。我既知道飞机怎么飞，也明白如何增加扬力，以及如何与重力对抗等。我做出来的飞机不可能会飞不起来。”他觉得自己制造的飞机能飞是理所当然的，并非是处于什么信念还是韧性，完全只是理论方面的就事论事而已。

的确，模型与真正飞机的飞行原理并无二致，我也是这样认为的。事实上，过去在开发全新飞机的时候，研发团队也一定会先做出缩小版的模型机来试飞。虽说现在已经可以改用计算机仿真，无须再先以模型机来试飞，但是在过去，则必须要通过模型机的试飞来确认机翼位置以及操作性能等方面，如果不试飞就不能确定是否有问题。所以我们也不可以忽视模型机。

德国人强调自己是位一流的模型机制造者，但飞行员仍是抱持着半信半疑的态度，并回说：“你不就是卖玩具的吗？”怀疑归怀疑，此时也已经没有退路可走，因为众人之前已经以搭乘飞机到绿洲的选项作为分配食物与饮用水的依据了。

我们可以说飞行员是一位受到蒙骗的领导者。不过，德国人的确没有说谎，他毋庸置疑地是一位飞机设计师，错的是飞行员自己没有去确认“设计的是不是模型飞机”啊！

这也是我经常使用的手段。

我不会对制片人或工作人员说谎，也未曾对客户扯过任何一次谎。我只是不会去回答没有被问到的问题罢了。这就是所谓“导演的诚意”。

这也是奥尔德里奇所要传达的思想。若是通过瞒骗或是欺诈，在西洋镜被揭穿时那可就无力回天了，因此不可以这么做，而是要“预留不小心穿帮时可供强辩的证据”。

这是要身经百战，才能够得到的教训。我想奥尔德里奇应该在“猎红”时期的审判过程中亲眼看见过这些手法。

在听证会上要求有问必答。首先人们会被强迫宣誓，若是撒谎就要进监狱。无论是上议院议员，还是总统，在听证会时说谎同样得进监狱。在当时只要被听证会传唤，本身就已经是一件令人恐惧的事情了。

无论是家庭生活、性事，当事人都得对被询问的内容知无不言。无论是在宗教信念、政治理念上，还是是否有情妇或私生子等问题上，都不能撒谎。而且这并非寻常的打官司，因此也不能有律师随侍在旁，只要被传至听证会几乎就已经凶多吉少，可说是比军事审判还要恐怖。这也是当时人们对听证会戒慎恐惧的原因。

在此过程当中，奥尔德里奇总结出一个教训，他发现逃出生天的方法就是“别人没问，自己就不要回答”。人们对被问到的问题绝对不能说谎，但是没有被问到的问题也就没有回答的义务了。

导演亦然。导演常常会收到来自发行公司、赞助商、制片人等方面的各种询问。譬如“你要拍什么样的电影呢？你要怎么去制作呢？”之类的问题。金主会问这些也是理所当然的事情。

我手下的工作人员自然也会有许多问题了。譬如“要怎样去演”“上什么颜色”等等。回答诸如以上的问题便是导演的工作所在了。无论是做动画，还是拍真人电影都是如此。弗朗索瓦·特吕弗[6]也曾经在《日以作夜》[7]一片中说过“导演的工作就是回答。导演就是要持续地去回答问题”。即便已经回答到很厌烦了，但这就是导演的工作。

只要前往电影拍摄现场，我每天至少都要回答五六十个问题。而在电影完成后我也同样需继续回答。到电影公映前，会有堆积如山的采访邀约，一两百次的访问，只要被问到问题我都要去回答。但是，只要对方没有问到的，我也就不需要回答了。

我从不会说什么宁为玉碎、不为瓦全地一决胜负

让我们将话题拉回电影。且说之前众人已经决定要“改造飞机”了，这可让美国飞行员陷入纠结，毕竟现在可不能跟众人说“其实这家伙只是个做玩具的，我们还是别继续了吧”之类的话。改造飞机到现在这个阶段，众人已是精疲力竭，加上决定好了速战速决，因此水也喝了，食物也吃了，早已没有退

路可走。

于是飞行员决定对众人保守这个秘密。虽说德国人保证“飞机绝对能飞”，但是美国人心中对能否起飞仍是没谱，深感不安。如果飞机无法起飞，那么此时弹尽粮绝，乃至体力都消耗一空的众人就只有死路一条了。众人已经无力徒步前往绿洲，也没有足以支撑到救援来临所需的物资。电影就这样渐渐走向尾声。

众人完成飞机的改造工作，并勉强起飞。飞机摇摇晃晃地在离地二三十米的高度飞行，终于有惊无险地抵达绿洲。最后众人欢欣鼓舞地冲向绿洲并高喊着“太棒了！太棒了！”而美国人与德国人则是看着彼此，微笑不语。大致上这部影片是以喜剧收场，但是看着电影的我，想的却是其他事。

美国人明明就知道德国人未曾制作过真正的飞机，但是却仍对众人隐瞒这件事情，不停鼓励众人说“没有问题”。这其实就很像是站在基层之上的中层管理人员，在管理下属时所使用的方法。

以我们导演来说，那就是在拍一部电影；以上班族来说，那就是中层管理人员接下了一个项目，两者都需要想办法让下属努力干活，所面临的状况并无不同。说到底，下属尽是些无可救药的家伙，既有只会抱怨、发牢骚的家伙，也有人只顾自己轻松。但是没有他们同样无法工作。不管是怎样的战争，手边没有军队就没办法打仗。

美国人在这里其实有着一个“骗人的构造”，那就是“德国人他其实是做玩具的，只是你们没问所以我就没说罢了”。而众人全都对德国人是飞机设计师一事深信不疑，就结果而论，美国人还是欺骗了伙伴。不过欺骗的结果却是成功生还，他就像是一位项目的领导者，或是一位电影导演，面临若不起飞就不知道前景如何，因此必须做出选择的局面。虽说有轻重乃至于规模上的差异，但是只要从事一份需要让下属做事的工作，则不管立场为何，都扮演着与美国人相同的角色，居酒屋店长、便利店经理皆然。

在想办法让他人做事时，就需要给予其希望。因为如果不通过某种保证给予他人希望，对方就不可能照自己的命令做事。但是当所给予的希望其实全无根据时，各位又会如何做呢?

我想奥尔德里奇应该也有构想过其他种结局，那就是飞机最后无法顺利升空。

时隔数月之后，救援队终于找到飞机迫降地点，但是现场只剩下一架外形诡异的飞机，以及散落于四周的人类白骨。仔细一看，美国人的手正掐住德国人遗骸的脖子不放……

就我个人而言，结局要是这样的话，可就有趣多了，但这绝对不可能会是奥尔德里奇的策略。毕竟若是真的拍出这种结局，他或许直接就被开除了吧。即使公司表示“好吧，拍都拍了，那就还是照常上映吧。”他也不会再有执导下一部电影的机会了。那么各位认为一位导演会如何选择呢?

相信很多人都知道，最近的美国电影常常都会有两三个结局。制片人会要求导演拍好几个结局，并从中选出最有可能大受欢迎的结局。至于最后到底要选择哪个结局，导演可就没有发言的权限了。

奥尔德里奇除了是一名导演，也是一名制片人，因此自然也有选择坏结局的权限。但是他最后仍是选择让这部电影以众人成功飞抵绿洲的美好结局收束全片。他之所以会这样做，乃是为了要有下一部电影可拍。毕竟即便通过坏结局让《凤凰劫》在艺术方面大获成功，之后也不会再有下一部电影可拍了。

我觉得这是一部值得玩味的电影，因此反复看了好几遍。“因为你又没问”可真是个厉害的情节。之后，我也尝试将这样的桥段设置在自己的作品里。

《福星小子 2：绮丽梦中人》[8]、《机动警察剧场版 2》[9]都是以“因为你又没问”的桥段来结尾。结果虽然让上述作品都变成令人丈二和尚摸不着头脑、宛如论文一般的电影，但大致上仍是成功了。也就是说它们都成功抵达了“绿洲”。

这恐怕不是制片人所期待的方法，而到达的也不是他们想去的那片“绿洲”。虽说如此，我仍是成功让这两部作品抵达“绿洲”，所以谎言也不再是谎言了。因此没有必要诚实地向众人揭穿德国人其实只是个飞机模型设计师，只要谎言变得不再是谎言，美国人的行为也就不构成欺瞒了。

应该连对方没有问的问题也去如实回答，而导致失败吗？

答案自然是否定的；讲出没必要讲出的话而走向覆灭并不是我们的目的啊！虽说保持沉默时，此行为就已经形同欺诈了，但是只要让电影得以完成，或是努力让众人在经过一段时间之后，发现他们以结果论其实没有被欺骗不就行了。我们应该朝着这方面努力。

这正是所谓的“一决胜负”。与强敌正面冲突而被击倒，这可不能叫作一决胜负啊！日本人很喜欢那套宁为玉碎，不为瓦全的调调儿，但是就我来说，就是因为有这种“男子汉即便知道会输掉，仍是要昂首阔步去一决胜负”的观念，最后才会输掉。

说什么输得漂亮，根本就烂透了。“即便知道自己会输仍是要做”，这在一开始就不构成所谓的一决胜负了。既然都要一决胜负了，当然就要以胜利作为目标。因此我才会说“为了胜利而战吧！”只要是能够获胜，即便是像宫本武藏与佐佐木小次郎决斗时那样，故意以严重迟到的方式来打心理战也没关系，就算骗了全天下人也没关系。身为一位导演，我们不仅要与自己手下的工作人员战斗，更是要与自己的雇主战斗。

在我也当上导演之后，对这部电影的情节可说是感同身受。也是在当上导演之后，我才终于理解奥尔德里奇是一位何其伟大的导演。通过阅读文字叙述来理解，以及当场亲身体验，两者可说是截然不同。或许在各位看来，我做起导演工作是既快乐又轻松自在，殊不知我每天都是如履薄冰呢！当然在心中也务必要做好受挫时转变心态的准备。

电影导演不是独裁者，而是“中层管理人员”

若是没有获得胜利，一决胜负就不具任何意义。因此只要是为了获胜，即便是诡辩也能使用。例如当自己执导的电影评价不好时，可绝对不能说“这部电影失败了”。我是在宫崎骏先生身上学到这件事的。他跟我说：“你不可以自己说出‘失败了’，这话就算嘴巴裂了也不能说！”

即便别人说“这部作品很难懂”，身为导演也要持续说“那些搞不懂我的作品的家伙才是蠢货”才行。的确，当一位导演拍出晦涩难懂的作品时，有可能会被贴上标签，以致今后发展较为不利。但这同时也会是一种优势，外界或许会认为“这位导演拍的东西很难懂，可是技术却是超一流的，做出来的电影相当有内容”。反之，若是连导演本人都说“这部电影失败了”，一瞬间整部电影就真的变成失败的作品了。

所以此时只要强辩就行了，毕竟强辩也不会让我们少一块肉。而为了让自己得以强辩，我们可以事先准备几种“成功的定义”。究竟是票房大好，还是佳评如潮呢？又或是“在十年之后会被誉为一部杰作”呢？怎样都好，至少就是不能说自己的作品是部失败的作品。

我的师父也曾经跟我说过类似的话。

在影片首次试映之后，大家一定都会聚集至会议室，召开一场名为“检定会”的会议。在看过首次试映之后，我们要确认作品是否可以最终交付给发行公司发行。因此在会议当中，制片人乃至是来自发行公司的高层都会齐聚一堂。能够与会的只有执行制片[10]以及导演，其他的员工都要止步。

在首次试映之后，所有人都感到很不安。我们的担心包括：不知道这样子是否足够？结局这样子好吗？那位演员真的好吗？那部分插入音乐的方式好吗？还是应该重新剪辑会比较好呢？诸如此类。

当然了，若是重头来过就得再烧掉以千万日元为单位计算的资金，但或许冒着如此大的风险重头做过，就能够防止以数亿日元为单位的金钱损失。另一方面，这也有可能是平白放掉到手的成功……在此阶段，任谁心里也都没有底。

而我的师父曾经说过一句话，那就是在这种时候，谁先出声谁就能掌握局面。在我的处女作《福星小子：只有你》[11]（以下简称为《只有你》）首次试映时，因为我还是一名菜鸟导演，所以师父他老人家也以监修的身份出席，在众人都还没出声时，他就首先“开炮”说：“哎呀！太棒了！”由于每个人心中都还没有底，所以大家都在等着谁先起头。事后师父跟我说：“作为你的师父，我也只能为你做到这样了。”对此至今我仍相当感谢。然后，我也仍会感慨原来就是要这样做啊。

最近我也会在检定会上使用诸种技巧，譬如看着与会人的脸，反过来问对方说“你有什么问题吗？”因为都已经说是一个“问题”了，回答者在反驳我时就得要给出解决方法，否则就不构成反驳。如果对方仍是做出反驳，我就会以“这笔以千万日元为单位计的花费，你打算负责吗？”这类问题来回答，此时大部分的人都会默不作声。在某种意义上，这具有恫吓的效果。

我还没有遇过那种能够说什么“就算要我再申请一次预算，也绝对要修改”的伟大人物。基本上大家都是上班族，而上班族说话可是要负责的。身为导演，此时的工作就是让这群上班族照着我的想法做事，因此我也只能把他们逼往绝境了。最后大家都会屈服，并对我说：“好吧，那就照你的方法了，可是你要负责哦！”

而在个人对个人的场合，这种说法可就行不通了。如果对方不是在有许多人的场合听到就没有意义了。反之，若有许多人在，甚至连对方的上司都在场就最棒了。

在执导的过程中，我可说是一党独大，因此对各个工作内容都得说上话。换作是上班族或是公务人员，同样也需要面对上司以及下属说话，情况各式各样，有时必须对上司辩解、改变自身态度，乃至于追问上司等。

面对下属时亦然。譬如要如何说动下属、如何攻破下属的反驳，等等。而光是攻破下属的反驳，反而会搞得没有任何人肯再跟着自己做事，因此有时候也要打圆场、换话题、听下属的意见等。不论是身为中层管理人员，还是电影导演，对下属必须糖果与大棒兼施的道理都没太大不同。

常常会有人以“独裁者”“暴君”等词汇来形容电影导演，而这可是天大的谎话。在日本的话，顶多就是晚年的黑泽明可以称得上是独裁者吧。他之所以在电影拍摄方面能完全专制，是因为他“黑泽明”本身就是一个活着的传说。他也对此传说鞠躬尽瘁了……

宫崎骏以及高畑勋[12]在动画世界可说是绝对的君主、暴君、独裁者。但我觉得，无论是黑泽明，或者宫崎骏的人生都过得不太快乐。他们没有朋友，往往处于孤独之中。在我看来，当一个人不快乐的时候，他就没有满足所谓的胜利条件，因为他的人生完全不快乐啊！像是宫崎骏只要跑去搭电车，就一定会造成骚动，所以他连电车都不能搭，更别说是劈腿搞外遇了。

《新世纪福音战士》的导演庵野秀明[13]亦然。他自己创办公司，并自行投资拍摄电影，过程当中花费大量资金，更别说他拍的还是一部绝对不可能会大卖的独立电影……

这样子他会快乐吗？对此我不由得感到疑惑。

我的个人主义乃是绝对不花自己的钱去拍电影。我都是花别人的钱来制作电影，同时基本上也会让手下的工作人员自由发挥。即便如此，我想到的还是只有一点，那就是如何做，才能让这部电影“带有我的味道”。我完全不会想要自负风险去搞新花样。

若就本章介绍的电影《凤凰劫》而言，我既不会想当那位飞行员，也不想仅仅成为机上的乘客之一。我的立场就是那位德国人，会为了让坠毁于沙漠中的飞机重生而认真绘制设计图。

“从某种事物当中重获自由”，只是在逃避责任罢了

《凤凰劫》的主题也包括每位组织成员要如何发挥各自作用，并让组织整体成功生存。每位上班族皆是如此，另外也可以将组织代换成家庭。老公、老婆，还有那茧居于二层足不出户的棘手儿子，究竟谁该负起维持家庭的责任呢？其实任谁来做都没关系。无论是儿子、女儿，甚至是家里毫无收入的吃闲饭角色都行。日本也有一部电影是在讲述身为外来者的家庭老师毁灭了整个家庭的故事（《家族游戏》[14]）。

只要是一个由人类形成的集团，那么无论是血缘集团、地域社会、国家社稷，还是成员形成利益共同体的公司、志同道合的游击组织等，要让整个集团活动的力量一致，组织成员必须要能一致地朝向相同方向，否则面对任何战役都不会有胜算的。

在组织当中都一定要有一个人，能以最后“帮助组织战胜敌人并成功生还”作为主题，并为了此目标加以权衡取舍才行。组织成员必须要知道自己有没有心要成为那位进行取舍的

人，如果没有，那就只能像电影所演的那样，成为一名垂吊在机翼上的肉体劳动者[15]了。也就是说，此时自己的生杀大权全都抓在别人手上。

如果不喜欢这样，那就要做好背上大坏蛋的骂名，并被众人弹劾的觉悟，任凭被讲成独裁者也得站在人前骗人。而《凤凰劫》就是一部在论述“你是否有这份觉悟呢”的电影。若是想要贯彻自身信念，并让自己获得幸福，同时也要连带对他人负责才行。如果想活得自由自在，自然就得要下定决心，将责任一肩扛起。

许多年轻人都不明白这份道理，总想要从这种组织构成的人际关系中逃脱，以获得自由。那可是个天大的误会，那不过就是在逃避责任罢了。

以“从某种事物当中重获自由”作为目的本来就是错的。所谓自由，如果不是为了完成某件事所使用的手段，则这份自由并没有任何意义。

重点在于“自由”本身就不可能是个主题。像那种“从某种事物当中重获自由”的想法，其实就与前言部分《江湖浪子》那种“成为输家（丧家犬）的自由”没两样。

我们不可以把“自由”当成逃走时的借口啊！

自由是美国电影永远都拍不腻的主题之一。但是在美国电影当中，绝对不会说这份自由是为何而生。根据社会阶级、人种、性别等条件差异，自由的内涵应当也各有不同，而美国电影所描绘的仅是最大公约数的自由。这也可说是应某种高压政策而生的自由。

另一方面，美国内部的自由又是如何呢？其实美国内部并不自由。有的只是一种“让人变穷的自由”。美国在具有让人可以尽情赚钱的高度自由之余，也具有让人可以尽情变穷的自由。换言之，这个国家的人民，所拥有的不过就是可以去践踏他人的自由罢了。因此什么自由根本不足以作为电影的主题。

那又该将什么东西当成电影的主题呢？

就我来说，“胜败”就是个很好的主题。这就已经足够作为电影的主题了。明明事实就已经大半证明[16]什么自由、正义、幸福等根本就不足以作为电影主题，但是描述这类主题的电影却仍然四处横行。另一方面，却完全没有人提到“胜败”这个永远都能拿来拍的主题。我个人认为这是一个很不可思议的现象。

让我们将内容拉回《凤凰劫》上，假设电影中的飞行员是一名日本上班族，我想他应该会诚实地向众人指出：“我们的飞机坠毁在沙漠正中央，虽说之前将修复工作交由自称能修复飞机的德国人全权负责，但是我发现他其实只是个做玩具的人。”语毕再继续表示：“我知道这个人只会做模型飞机，但是他本人已经说他能成功修复飞机了，因此我倾向于采用他的意见。”这样才是日本上班族式的领袖风范，同时也是一种最做不得的类型。

或许有人会觉得众人一起讨论后再决定才是理想做法，但这其实糟糕透顶了。也因为这样，日本的上班族都没有自己做决定的能力，结果也导致没有一个人肯扛责任。

现在整个公司由上到下，大家都只想着如何去规避风险，这就像是时下蔓延至日本全国的安全神话，或许所有日本人现在的心中都只抱持着一个主题，那便是“安全”。

考虑事务时也以安全与否作为唯一的价值基准，不管是政治家，还是市井小民，大家全都只将安全挂在嘴边。无论是鱼鹰（Osprey）战机进驻冲绳基地一案，抑或是核电站，每次只要一有人提到“这真的安全吗？如果出事了你会负责吗？”在场众人顿时陷入一片沉默。但是飞机至今为止都坠毁过好多架了，也没任何人会说：“不要再让飞机起飞了！”汽车亦然，每年都有好几千人死于交通意外，却也没看到任何人跳出来说：“来禁开汽车吧。”

之所以会这样，是因为不管任何事情，都不可能完全没有风险啊！就原理面而言，不管使用哪种技术都不可能做到什么绝对安全、零危险性。那危险性该低到 0.1% 呢，还是该低到 0.001% 才行呢？我说这又是谁在决定的啊？每个人都不喜欢自己决定，总是奢望让其他人帮忙做决定。像是日本现在的辐射值亦然，常有人会说啥“即便每年的铯量只有这个值不会危害人体，但是谁又能负起责任说两三年后当地人不会罹患癌症呢”，全日本就是充斥着此般狗屁倒灶的事情。

如果众人真的听到“其实德国人只做过模型飞机”这件事，那么说到众人是否能够接受，我的答案绝对是否定的。最后得出的结论就是“不要改造飞机了”，就这样原地等待救援，或是徒步前往绿洲等。如果众人因此被灼热的阳光给晒到脱水而死，那么又该由谁负起责任呢？如果是让飞机起飞，或许那会是一场赌注，但也或许能让众人因此得救。

每种方法都有其风险存在，而所谓决断，就是一一排除其中较无可能性的方法。这也是经营者与领导者之所以要存在的理由。

电影导演可不能说出“演员太烂”“那个动画师（animator）根本是蠢货”之类的话。此外像是“预算太少”“没有安排好时间表”也是一样。

经营者亦然。

若是一名经营者因为接纳公司员工全体一致的意见，害怕风险而终止某个计划，但另一家公司却愿意负起风险展开同一计划，最后大获成功，结果导致自己公司的股价下跌，竞争对手的股价则大涨，此时该怎么跟股东们解释才好呢？

基本上，一家公司不可能只做一种业务，因此当别家公司成功，对自家公司来说就只能是一种损失。因此公司组织必须不断地去一决胜负。对于汲汲营营于经营获利的组织而言，旁人占便宜，自己可就得吃亏了。因为这就是一场零和游戏（zero-sum game）。

核电站也是如此。拥核好，还是废核好，政府不管怎么做，总是会有另一派的声音在旁边喧扰不休，但是其中却没有一个人肯负责。此时也只能跳出一位像是飞行员一样的角色来做决断了。

或许飞行员是真的相信德国人，才因此打舵的。无论结果如何，飞行员也只能负起责任了。如果飞机起飞后只滑翔个五米远就坠落，即便此时将德国人给掐死，结果也不会改变了。而在此之前，即便诚实地将德国人其实是模型飞机设计师的事实告诉给在场众人，也不会有任何好处。

不管是人生，还是工作，都会有成功或是失败，难免都要经历顺境与逆境。

有时无论多么努力仍是诸事受挫，但是重要的其实是谁肯负起责任。我们可以说，唯有那些肯负起责任的人，才是在这件事上真正有一决胜负过的人。

风险与胜败是一整套的，因此当事人也会获得与责任轻重程度相符合的成就感，同时也能掌握到某种自由的感受。若是不喜欢扛责任，也就只能选择当一名垂吊于机翼上的肉体劳动者了。当然每个人都有自行选择其中之一的自由，也就是说，不做决断也是一个选项。只是相对地，之后也只能将自身命运交由他人摆布了。各位认为这是否能称作曾经活得自由自在？又是否能称作有好好活过一段人生呢？

无论是任何人，在生命当中都必须不停做微小的决断。譬如“这男的跟我求婚了，该怎么办呢？”“我怀孕了，该生下来吗？”之类的。不可能有人的人生完全无须做任何决断。姑且不说过去的公主陛下，我们如今生在一个民主国家，每个人都需要“自行做决定”。

各位可以自行判断，若是觉得安全的话，也可以去吃日本福岛生产的食品，像我本人也是照吃不误。我已经六十多岁了，而且这些食品吃起来也完全 OK 啊！

1.《码头风云》(*On the Waterfront*)
于 1954 年上映的美国电影。导演：伊利亚・卡赞，主演：马龙・白兰度（Marlon Brando）等。剧情描述一名原为拳击手的青年在码头工作，并勇于对抗当地的帮派暴力。此作品捧红了马龙・白兰度。

2. 伊利亚・卡赞（Elia Kazan，1909—2003）
美国演员、舞台剧导演、电影导演。主要作品包括《欲望号街车》(*A Streetcar Named Desire*，1951)、《伊甸园之东》(*East of Eden*，1955）等。于 1952 年因共产主义者的嫌疑而接受司法交易，供出包含自己认识的导演、演员在内的十一人名单。

3. 达尔顿・特朗勃
（Dalton Trumbo，1905—1976）
美国编剧、电影导演。为反对“猎红”运动的“好莱坞十君子”（Hollywood Ten）之一，因拒绝作证而被判刑。流亡国外期间，他仍以假名担任编剧撰写剧本糊口，并以朋友的名义撰写《罗马假日》(*Roman Holiday*，1953）的剧本。之后则以本名正式回归好莱坞。导演作品仅有《无语问苍天》(1971)。

4.《无语问苍天》(*Johnny Got His Gun*)
于 1971 年上映的美国电影。小说原作、导演、编剧：达尔顿・特朗勃，主演：蒂姆斯・伯特姆斯（Timothy Bottoms）等。剧情描述“一战”时，一位青年的双手双脚以及脸部都受到重伤，发出来自灵魂深处的呐喊，为一部反战作品。

5.《加州玩偶》(*All The Marbles*)
于 1981 年上映的美国电影。导演：罗伯特・奥尔德里奇，编剧：梅尔・佛洛曼（Mel Frohman），主演：彼得・法尔克（Peter Falk）等。剧情描述了两位将人生赌在女子摔角事业上的女摔角手与她们的经纪人的故事。

6. 弗朗索瓦・特吕弗
（François Roland Truffaut，1932—1984）
法国电影导演。长篇电影处女作《四百击》(*Les Quatre cents coups*，1959）就大受欢迎，为法国新浪潮运动的代表导演之一。主要作品包括《朱尔与吉姆》(Jules et Jim，1961)、《日以作夜》(1973) 等。

7.《日以作夜》(*La Nuit américaine*)
于 1973 年上映的法国电影。导演：弗朗索瓦・特吕弗，编剧：弗朗索瓦・特吕弗、让 - 路易・里夏尔（Jean-Louis Richard)、苏珊・席夫曼（Suzanne Schiffman)，主演：杰奎琳・比塞特（Jacqueline Bisset)、让 - 皮埃尔・利奥德（Jean-Pierre Léaud)、弗朗索瓦・特吕弗等。以拍摄电影为主轴，描述各种各样的人类样貌。

8.《福星小子 2：绮丽梦中人》
于 1984 年上映的日本动画电影。导演、编剧、分镜：押井守，主演（配音）：古川登志夫、平野文、藤冈琢也等。以《福星小子》的世界观为基础，诠释出一个现实与梦境交错展开的独特作品世界。押井导演的成名作。

9.《机动警察剧场版 2》
请参考第四章的作品介绍。

10. 执行制片（line producer）
于拍摄现场管理工作进度的职务，是现场负责人之一。不太会接触到宣传及争取预算等对外业务。

11.《福星小子：只有你》
于 1983 年上映的日本动画电影。导演、角色设定、分镜：押井守，编剧：金春智子，主演（配音）：古川登志夫、平野文、榊原良子等。本片是押井导演首部在电影院正式公映的作品。自称是主角诸星当的未婚妻的艾尔，将与女主角拉姆展开一场横跨全宇宙的诸星当争夺战。

12. 高畑勋（1953—2018）
动画导演，日本三重县人。任职于吉卜力工作室。代表作品为《阿尔卑斯山的少女》（1973）、《萤火虫之墓》（1988）、《辉夜姬物语》（2013）等。

13. 庵野秀明（1960— ）
日本电影导演。于 2006 年创办动画制作公司“khara 股份有限公司”以及制作自家企画之动画作品的“khara 工作室”。现正制作《福音战士新剧场版》系列。

14.《家族游戏》
于 1983 年上映的日本电影。导演、编剧：森田芳光，主演：松田优作、宫川一朗太、伊丹十三等。剧情描述一名诡异的家教老师来到某个家庭，当中有正在准备考高中的初中生，他将于其中掀起一场骚动。众人并排于细长餐桌用餐的奇特戏份，在日本相当有名。

15. 肉体劳动者
指搭乘电影中迫降飞机的乘客们。他们既无打算徒步逃出生天，同时抱持着消极的态度参与修理飞机的行列。由于凤凰号只有驾驶座，因此其他人只能抓着机翼一路飞抵绿洲了。

16. 明明事实就已经大半证明
诚如押井导演在此段落指出，“自由”不可能作为电影主题一般，所谓“正义”与“幸福”皆为某种意识形态，永远只有对特定集团、个人来说的正义与幸福。亦即当立场与观点改变时，其价值与含义也将变得不同，因此即便是在观赏一部电影，当中也不可能存在全人类共通的“正义”以及“幸福”，让所有观影人都能够接受……以上为作者的想法。

别相信那种说话全凭经验与直觉的人

布拉德·皮特的优先级

2

比利·比恩在高中时期是位明星棒球队员，但在走上职业道路前就引退了。现在他是名年轻的球队总经理，隶属于弱小的奥克兰运动家队。这支球队正面临严重的财政危机，就连增强球队阵容都很困难。

某天比利前往克里夫兰印第安人队的办公室，遇见了毕业自耶鲁大学的青年人彼得·布兰。彼得使用一套独特的棒球统计学[1]来分析每位球员的表现。比利对彼得的理论颇感兴趣，因此就将他给挖角至奥克兰运动家队。根据彼得重视数据所分析出的球员评价，比利集结了一群年薪低廉的队员，再加上逐渐制定出一套独特战略，打造出了一支能获胜的队伍。

但也因为比利那打破业界常规的方针，以及其独断专制的做法，导致球队主教练、工作人员的反弹，让球队前期迟迟未能有佳绩。最终他通过独特创新的球队经营手段，把原本在大联盟积弱不振的小球队——奥克兰运动家队打造成了百战百胜的劲旅。本片成功再现了原型人物生活过的充满苦闷与荣耀的岁月。

《点球成金》（*Moneyball*）

于 2011 年上映的美国电影。
导演：贝尼特·米勒
编剧：艾伦·索金、史蒂文·泽里安
主演：布拉德·皮特、乔纳·希尔等。

在美国，以职业运动为背景，将体育俱乐部的管理作为主题的电影已经形成一个类型。为什么日本几乎没有类似的电影呢？我常常会有自己也去拍一部的想法。

谈到体育管理，最近日本倒也有《如果高中棒球队女经理读了杜拉克的〈管理学〉》[2]，只是在《点球成金》当中可就没有任何“萌”要素了，此外也几乎不存在女性元素。顶多就是主角那大约上中学的女儿会出来串串场罢了。这样来看的话，《点球成金》可以说是美国电影的异类，因为这部电影“只论述方针策略面向”，鲜少有人与人之间的戏码。

领衔主演的布拉德·皮特同时身兼制片人一职，我觉得他对原作可能也是相当喜欢。就连导演也是布拉德·皮特亲自去找来的呢！贝尼特·米勒这位导演在日本的名气较低，但是在导演技巧上的确有其独到之处。

别信任完全不迷惘的人所说的话

剧情由布拉德·皮特饰演的比利·比恩担任弱小球队——奥克兰运动家队的球队总经理（GM，General Manager）后，大幅改变球队方针，大力改造球队开始。由于有名的球员全都会被有钱的球队给签下，因此他打算集合起一些默默无闻、年薪低廉，且能马上出场比赛的球员。这过程中他还要想办法对抗以老板为首的反对势力。

有趣的是，比利在实行崭新方针时最为抗拒的竟是利用球探一事。他的基本原则就是不信任球探挑选出来的球员。

事实上，现为总经理的比利在学生时期也曾是一名棒球球员。那时他听信球探的吹捧，就连原本已经申请上的大学奖学金都踢到一边不管，直接进入大联盟打球。而直到球员生涯结束，他也未曾有过什么出色的表现。退役后，他自愿踏上球探之路。

电影当中省略了他从球探成为球队总经理的过程，因此我们也不知道在这中间他发生了什么事，但可以知道他至少是一名能力不错的球探；毕竟换作是一名无能的球探，在成为球队总经理之前就会销声匿迹了。

比利不顾自己曾经是一名球探的经历，决定在改造球队时完全不要信任球探。相反地，他选择与自己偶然结识的小胖——彼得·布兰（乔纳·希尔饰）联手。彼得是比利与其他球队谈球员交易时，偶然在对方球队发现，并挖角至奥克兰运动家队的。这位曾在耶鲁大学修过经济学的精英从未当过棒球球员，却是一名棒球统计学的实践者。

这套理论本身是由其他人创造出来的，是一种大量搜集资料数据，无视棒球界常识以及直觉的做法。身为球队总经理的比利与彼得结为知交，并仰赖量化的数字数据，网罗搜集许多名声不显但似乎派得上用场的球员。这种做法相当于与所有最看重棒球界常识、直觉等方面的球探为敌。电影中也有一幕比利与和自己关系恶化的资深球探对话的场景。

“你是因为个人的恨意才决定不要相信球探的吧！做那种事可是会自取灭亡的。我们有经验与直觉，你光靠数据、统计是不可能赢下比赛的。”

听完资深球探的话后，比利什么都没有回答。

或许对方的话有一半是讲对了；但也或许因为自己有过被球探相中的经验，才能够秉持坚定信念去否定对方的观点。这是这部电影的第一个关键点。

当听到资深球探那句“我们有经验与直觉，你光靠数据、统计是不可能赢下比赛的”的台词，我不由得想到“啊，我也曾在某个地方听过类似的话呢！”那当然是在制作动画的现场。

所谓的职人讲的话到哪里都一样。无论是球队球探、电影导演、动画师、编辑皆是如此。电影中的球探们也都只相信自己作为职人的经验。而他们所仰赖的都是自己所谓的经验，但这些无法转换成言语，乃至是技术的体系。

正因为经验无法转化为言语，自然具备有效与无效的两面性。而那无效的一面就是那些无法形成体系、被理论化的部分。

结果在需要判断一位球员是否前程似锦，乃至于判断一部作品是否会票房大卖时，最后大家全都只会仰赖直觉，而没有能够转化为言语，去向他人解释说明的根据。譬如电影制片人就是其中的典型。

常常会有制片人对我说："我都经手过好多部电影了，自然有足够的经验知道电影需要有哪些元素才会大卖，也能够指出这份脚本哪里不好。"我从来没有遇过一位将上述说法挂在嘴边，却仍然值得去信赖的制片人。

我认为日本有许多全凭经验与直觉做事的制片人。同时美国的制片人又有过于重视市场调查的倾向，这让他们只听市场调查员的话。我就曾经因此吃尽苦头。

《阿瓦隆》[3]在美国发行时，曾进行过所谓的突击试映（sneak preview）。这是一种市场调查的手段，调查员将刚好路过电影院的年轻人叫住，给他们放映《阿瓦隆》，然后请对方填写观影问卷。一天时间，调查员就已经搜集了不少问卷，不过其中过半数都是"很难理解""意义不明"等类似的回答。

在看到问卷结果之后，市场调查员也对我表示"这样下去可不会大卖啊"。与我合作的制片人全都无力反驳，最后的结论就是对《阿瓦隆》再进行一次"彻底的剪辑"。于是我问市场调查员，只要"彻底的剪辑"，电影就会卖座吗？但市场调查员是一脸迟疑不定。

我属于那种比较不在意自己的作品让他人操刀剪辑的导演类型。因此我就交给制片人，随他们去折腾吧！但同时我也提出了一个交换条件，那就是要让原版的《阿瓦隆》在美国同期上映。我对他们说："只要你们接受这个条件，那么接下来要怎么剪辑就都随你们高兴了。”

结果,《阿瓦隆》最后没有能够在美国上映。这部电影的上映地区遍及全球数十个国家，独缺北美，只发行了 DVD 而已。也就是说，无论是仰赖制片人自身的经验，或者偏重于市场调查，结果并无不同。身为球队总经理的比利可能也因此类原因决定不要信任球探的经验。

这部电影最为有趣的地方就是“不要相信职人所说的话”。其实也就是在说不要跟那些“笃信自身经验与直觉的人”以及“对自己抱持有绝对信念的人”合作。

比利的女儿喜欢唱歌，电影中有她为父亲歌唱的桥段。歌词是在讲“我正感到迷惘”“我无法一个人去面对这些，也不知道该如何是好，但是今天就先忘掉这些事情快乐度过吧”等内容，而比利就在车上听着这首歌。女儿的歌声就像是一种象征，代表每个人都会感到烦恼迷惘，就连比利的宅男搭档彼得也无法幸免。

反过来说，这也代表“别信任完全不迷惘的人所说的话”，而是要在烦恼的过程中做出决断，这部电影可说是叙述了这其中的微妙处。

而这也并不代表其中某种理论就是正确的。无论是尽信职人的直觉及经验，还是以统计学来打棒球，电影并没有肯定其中哪一种是正确的。事实上，奥克兰运动家队也在当年的分区季后赛输掉了。

在赛季结束后，波士顿红袜队向比利抛来了橄榄枝，但根据电影最后的字幕显示，比利婉拒了一千两百五十万美元这史上最高的棒球队总经理签约金，决定继续留在奥克兰运动家队。他说，“我希望带领这支球队获胜。”

然后电影也通过影像搭配字幕的方式，指出“至今比利仍在带队挑战世界大赛”。电影结束在球队尚未取得冠军的地方，这正是这部电影值得玩味的部分呢！

幻想中带有人生教训，着实有趣

如果电影在最后成功赢得世界大赛后才结束，那便是日本少年动漫作品的套路了。日本的体育题材作品，最为要不得的地方就是主人公在成功赢得全国大赛或者世界大赛之前，剧情永不会结束。但结果其实无关紧要，过程才是最重要的。也许比利正是这样想的，才会决定继续留在奥克兰运动家队。

在同一赛季，纽约洋基队以一只棒球队的常规做法集合了一批球员，每赢得一场比赛估计就必须花费一百四十万美元；相较之下，奥克兰运动家队在该赛季的胜场数几乎与前者相同，但每场比赛的花费则为二十六万美元，不到前者的五分之一。

相信何者较为优秀已是一目了然。但是那些既得利益者却反对比利的新做法。不过即便被那些家伙讨厌，比利也丝毫不在乎什么。

事实上，当时比利正在存钱供女儿上大学，但他仍是赌上自己的工作，对球队加以改革。即便他知道，一旦失败不仅会被球队开除，整个棒球界都不再会有容身之地。电影中甚至有人叫嚣道："你就滚去卖运动用品吧！"如果真这样失败的话，就不可能有钱供女儿上大学了。而只要拿到一千两百五十万美元，他就可以随心所欲地供女儿上大学，就连海外留学也不成问题，但比利却果断地拒绝了。

这就是《点球成金》这部电影的主题，也是处理得最为优秀的部分。与此同时，也是电影制作方式的范本。

如果电影演到他大获成功，率领一支弱小球队赢得世界大赛；或是转战波士顿红袜队并赚得盆满钵溢，这就完全是少年漫画的处理方式了。但那种凭借努力与友情便能取得胜利的世界，在现实中并不存在。

电影当然需要幻想，但其中也要具备人生的教训才会有趣。因为人类本来就是一种不合理的生物。

在此容我以组织理论的观点来说，那就是烦恼是人类的必需品。身为人类，不会烦恼才比较奇怪。我们不能和整天无忧无虑的人搭档，那样绝对无法成功。

电影中比利也深感迷惘，不知自己是否做得正确。一旦失败，也许就意味着自己会被炒鱿鱼，无法供女儿去上大学了。我觉得当上公司的管理层的人，大多都要考虑如何供孩子上大学等类似的事吧！或许房子的房贷都还没还清呢！虽说人们常常会有各种烦恼，但若是以此作为自我行为判断上的基准，绝对会与成功渐行渐远。所以才要像个傻子似的去奋不顾身地战斗。

这部电影有趣的地方还有，比利用心地培养自己在球队中的支持者，并非完全与整个球队为敌。比利对球员们是循循善诱，直至最后也没有解除主教练的职务。

这位主教练可不是比利的乖乖仔，起初完全听不进比利的建议。比如，当比利将哈提伯这位球员带至球队，并要求让他担任球队的一垒手时，主教练认为从未担任过一垒手的哈提伯无法胜任该位置，就加以拒绝。“你教他啊！”这是比利的回应。

其实球队中已经有佩尼亚这样一位前途无限的一垒手，虽身为新人，但是外界已经认为他绝对能在全明星赛出场，而主教练也决定继续使用他。虽然即便球队本身就是无法获胜，但若拥有这样的球员没有派出场而输掉比赛的话，可是会被球迷以及球评骂得一无是处。“另外也为了方便我找新工作（离开奥克兰运动家队之后），我会用那家伙。”主教练明确地对比利表达自己的立场。

这位主教练自然是没什么能力，因为他并没有将胜利作为目标。相较于获胜，他更优先考虑到自己的饭碗，同时也优先选择不令自己受到外界批评的做法。

面对这样明显的无能主教练，比利却没有将其开除。取而代之的是，他在赛季中突然将身为潜力新人的佩尼亚给交易出去。也就是说他没有开除主教练，而是赶走了主教练长期使用的球员。

一旦没了佩尼亚，主教练也就不得不起用哈提伯了。比利这种即便将所需的球员交易出去，也不开除自己的做法，当下就让主教练加入了球队总经理的阵营了。如此一来，比利也就更没有辞退主教练的必要了。

当然，直接辞退主教练也是一种做法，但却是个最不明智的选项。这样虽然简单明了地阐明自身立场，但却同时丧失了一名在未来有可能成为自己伙伴的人。比利的作战策略是一边拉拢身为中层管理人员的主教练，一边却对对方的意见充耳不闻。如果主教练因此自行离职，自然也是没有办法的事。也就是说，比利虽然没有强迫对方接受自己的意见，但从结果来看，他是只给了对方有限的选项。

同样也就结果而论，奥克兰运动家队在该赛季的后半程取得了二十连胜。不过此时主教练却从不对外界表达“球队总经理才是对的”之类的话，外界称赞他是“一位重整积弱不振的球队，率领其取得二十连胜的著名教练”。比利却对此毫不在乎。因为若是不给出一些甜头的话，任谁都不会成为自己的伙伴。

比利的做法并不只是软硬兼施那样单纯。拿捏软硬程度的技巧也相当重要。电影中他虽没有辞退主教练，但是一开始就果断地炒了首席球探鱿鱼。

之所以比利会只留下主教练，是因为他知道，主教练是比赛现场的负责人。

即便这位主教练多么不听自己的话，但没了主教练，可就没办法比赛了。如果比利选择自己当主教练自然也是可以，但这却是最烂的选择。也就是说，比利是将权力交给了主教练，但只是有限的权力。如此一来主教练就只能成为任球队总经理摆布的傀儡了。如果主教练不喜欢有限的权力，也就只剩打包走人一条路了。主教练本人也知道，若不是被球队总经理强行辞退，而是自行离职，这会对自己很不利，因此没有选择离职。

当然，主教练、球队总经理、老板的利害关系也各有不同。

老板自然以提升观赛人数，借此增加营收为主要目标，但主教练却不一定只为取得胜利而战。在起用球员时，有时他还要考虑不让自己受到外界的批评，或者不会遭受老板、球迷的苛责。何况主教练本身也不知道自己能在现属球队待多久，因此可能还需要将自己未来的职业生涯甚至下家纳入考虑。

也就是说，所谓的胜败观会根据各自立场而有所不同。

凭惯习安排职位是为了在失败时找借口

我几乎没有在普通公司上班的经验，但相信前文的话套用在公司里也一样。老板、各部门高层、普通员工，每个人的胜利条件当然都会有所不同。公司职员都不会喜欢被降职，如果可以升迁自然更好。但是随着在公司的职务与地位上升，所要跨越的障碍也越来越高。

如此一来，身居高位的人也会渐渐变得不喜欢做“决断”，而是希望能维持现状。而这种希望维持现状的想法，也就是人们之所以会重视“经验”与“直觉”的原因所在。

这些人会认为，“靠着这套做法，我顺利地走到今天这个地步，相信这次也会顺利的。如果这次进行得不顺利，也绝对不会是我的错，而是运气不好。”由于这些人只会比较这次要做的事情与过去做过的事情是否相同，因此不会有任何迷惘。

像这类重视经验与直觉的人，几乎都不会以“获胜”作为绝对条件。如果没有为了获胜，而将过去的经验或是其他的累赘给扔进水沟的觉悟，就不可能获胜。

我很喜欢的足球教练何塞·穆里尼奥[4]也是一位不折不扣的“数据男”。在比赛之前，他会收集大量的资料数据，并且观看许多比赛的回放，根据每场比赛的对手来改变策略与战术，同时更考虑到球员的启用，进行彻底的赛前模拟。在赛前既然能做到如此滴水不漏，那么赢球自然也是相当理所当然。

这才是正确的做法。而像长嶋[5]那种全凭直觉取胜的类型则完全不同，不在赛前多方研究，却只会说“要是我用这个球员来比赛能赢就太好啦”，能赢球才怪呢！

而这部电影当中确实地刻画出了这个部分。电影中比利曾对过去身为知名球员、年过三十的贾斯蒂斯表示：“我不管你是怎么想的，我们就挑明互相要的东西是什么吧。”比利继续说：“我是花钱在现在的你身上，跟你的过去没有关系。我不要求现在的你能有什么好成绩，而是要你成为年轻人的楷模！”“我知道了。”这是贾斯蒂斯的回答。

在电影开始约三十分钟左右，比利就接二连二地将反对自己的人炒鱿鱼，留下的只有那些服从自己的人。比利的行为并不是在说明什么，也不是要说服谁，他只是丢个选项给对方，此外不再做其他多余的事。一旦比利决定要开除一个人，那么与对方的交情，甚至于与对方过去有过什么都不重要。因为双方都是职业人士，所以都不成问题。

日本很少有人能变得如此冷血，所以才会输掉战争。

过去的日本海军有着所谓的毕业席次顺序[6]。这是一种以海军学校就读期间的考试成绩排序，决定进入海军后阶级高低的制度。听起来虽然有点扯，明明当时日本正值国家存亡之秋，海军却仍仅凭惯习来决定指挥官。

就连因行事作风胡来出了名的山本五十六，也没有反对毕业席次顺序。因此日本在战争中才会一败涂地。相较之下，美国海军则会频繁更换司令官，只要失败一次马上就解除职务，而选择该位军人担任司令官的上级也会连带被解职。

而说到日本人之所以会以惯习来选择指挥官，则是为了在失败时能找到借口。如果打破常规，自行挑选指挥官，那么当该位指挥官失败时，当初选择他的上级就会遭到千夫所指，必须负起责任才行。当然指挥官本人也会被解职。

而像这种任命责任不甚明确的组织，不管是一家公司，还是一个国家，最后走向灭亡都是理所当然。

电影中比利也不停地思考，对自己最重要的是什么。也正因为如此，当他觉得有需要时，就会毫不留情地挥下铡刀。若是妄想采取每个人皆大欢喜的方针，相信这支球队在未来仍会是积弱不振，无法获胜，可以想见比利迟早也会因此被开除。如此一来他就可真的要沦落到去卖运动用品了，所以他才会勇于一决胜负。

我曾经也是如此。

有段时期，每当我失败时，就会有一大堆人满心欢喜地等着看笑话。身处这种时期，我必须要勇于一决胜负，因为已经没有什么东西好失去的了。更别假想自己身为动画导演，即便因为某次失败而被束之高阁，总有一天仍是能够再次复活的。毕竟能够在现场扛起责任的动画导演人数有限啊！

或许我会因此暂时失业，但是绝对有一天能再次回归，这种时候不勇于一决胜负才是脑袋有问题。

那么，所谓的“一决胜负”又是在说什么呢？

听制片人以及赞助商说的话、听工作人员的忠告、听录音师的忠告、听周遭所有人说的话，听完后再来一决胜负是吗？才不是这么回事呢！当年我完全接受所有人的建议，打造出来的作品就是《只有你》。

在制作《只有你》的时候，我并未能明确自己最想要在这部作品中实现的目标，导致我拖泥带水，希望能兼顾所有方面。但要在一部作品中兼顾所有方面是不可能的，如果不能搞明白各个方面的优先级，就没办法担任一名称职的导演。

根据情形不同，有时候也需要将“能够完成电影”视为终极目标。此时就要将自己的第二个，乃至于第三个目标藏到台面下偷偷做。像这样子瞒着工作人员，与他们一起制作电影，而当工作人员看到制作完成后的电影时，也不会发现他们在制作过程中所做事情的意义与价值。

类似的桥段也出现在《点球成金》的结尾处。

任何改革者，都无法从自己的过去重获自由

看到奥克兰运动家队的成绩突破，资金充裕的波士顿红袜

队提出史无前例的条件来挖角比利。但是比利本人却不想前往红袜队，正好此时好搭档彼得给他看了一支录像带，关于小联盟里一位体重一百〇八公斤的胖子球员。

据说由于这位球员速度很慢，因此就算击出外野打，也跑不到二垒。在录像带当中，他也是击出了外野打，而且相当难得地打算跑至二垒，可惜在经过一垒后就不小心被绊倒，于是又慌慌张张地跑回一垒。

“你觉得之后结果如何？”彼得问。

“我不知道。”比利答。

“那就继续看下去吧！”彼得语毕，两人继续看录像带。对方的一垒手叫该位球员站起来，并指着二垒方向。原来他是轰出了一支全垒打，于是该位球员就欢欣鼓舞地跑垒，并大叫说：“太好了！太好了！”

通过这支录像带，彼得其实是想要对比利说“现在的你就和这位球员一样”。比利不知道自己所作所为的意义，正被过去所局限着。

这又是一个相当有趣的部分。比利身为一位打破球队经营常规的改革者，却仍未突破自己的过去重获自由。比利的确未能让球队拿下冠军，但是仍以同一套理论在两年后战胜波士顿红袜队。由于两支球队在规模上的巨大差距，比利毫无疑问地改变了棒球这项运动。很多人都很难挣脱束缚着自己的过去，去重获自由，就像是那位小联盟的胖子球员，全然没发觉自己轰出的是一支全垒打。

比利也是已经轰出一支漂亮的全垒打，理应抬头挺胸前往红袜队效力，可是最后他却没有做出这个决定。做决定就是这么困难，要挣脱过去的束缚也同样困难。改变既有事物和状态可真是一件难事！

当事人也不知道自己所做的事情的本质，真是当局者迷。

比利也明白这个道理，因此不会去看自己的球队比赛。但是等待结果的过程也让人焦虑不已，在比赛进行时，比利驾着车四处行驶，或是去健身房挥洒汗水，他让彼得传信息向他报告赛况，或是听收音机的实况转播，没听几句却又赶紧关掉……

即便比利是这样的一个人，最后仍是在球队快要拿下二十连胜，刷新联盟纪录的那场比赛当天，在女儿的鼓励下去了现场。三回合结束后，奥克兰运动家队以十一比零的比分大幅领先对手，任谁都相信奥克兰运动家队赢定了；但是赛况在比利踏入球场的瞬间急转直下，投手的节奏出了问题，最后竟让对手追平比分。

此时的情况完全是输定了，但没想到比利之前强行塞入球队的无名球员哈提伯竟轰出了一支“再见”全垒打，球队终于获胜。

比利在比赛未结束时又偷偷离开球场，独自一人在球场内附设的健身房听着比赛的赛况。当听到球队成功完成二十连胜的瞬间，他摆出了一个胜利姿势。

我也很能理解比利绝对不肯去看比赛的心态。因为一旦成为当事人，就无法扮演一位称职的球队总经理了。唯有只看结果，才能够做出正确的判断。

仅凭数字说话，他很像是一位领人薪水的冷酷经理人。球队总经理其实就是一位职业的“经营者”。在聘用员工时全凭能力说话，完全不会考虑到人际关系、惯习、公司业绩以及常识等。如果放在普通企业，这就该算是CEO（首席执行官）了吧！

比起现场的人际关系，更以数字做出判断。这方面的判断次数可以成就一名称职的经营者，球队总经理亦然。

让我们将时间稍微往回拉，刚才说过比利在球季中释放出佩尼亚这位主教练固执使用的球员，而在比利做出此决定时，彼得则希望他不要凭感情用事，最好再仔细考虑，因为这件事可无法跟任何人说明。对此比利则回说：“我要跟谁说明？我没有必要去说明啊！”

一个真正的决断并不需要任何说明。此决断对比利来说是场孤注一掷的博弈，输了可不知道会被讲得多么难听。他不仅会与整个球队为敌，想来下个赛季大概也不会有自己的位置了。虽说如此，比利在做出决断时也并非肆意妄为，他除了统计数据之外，也有详加考虑每个人的个性。

电影的描述方式相当有趣。且说在佩尼亚离开之后，哈提伯被赶鸭子上架般地担任一垒手时，那位之前被比利要求担任“年轻球员榜样”的贾斯蒂斯跑去向哈提伯建议的场景。

“状态如何？”

“感觉不错，我终于适应一垒的位置了。”

“你现在最怕什么呢？”

“我怕那颗向我飞过来的球。”贾斯蒂斯以为是玩笑话而发笑。

“我是认真的。”哈提伯补上一句。

且说贾斯蒂斯给了哈提伯什么建议，其实也就只有“好好把球接住”而已。因为他知道哈提伯讲的是实话。既然本人已经知道这件事了，那接下来哈提伯所需要的又是什么呢？那不会是陪他进行大量的接球训练，也不会是要他下定决心，更不会是用身体撞他、制止他继续讲下去。身为老前辈的自己，要做的就是倾听而已。

而哈提伯也因为能说出实话而感到神清气爽，而且听众还是棒球界的资深前辈。倾听就是这么一回事，“听”就是全部了。倾听最为重要，之后再给任何建议都显得多余。

事实上，重点在于“倾听”

别人跟我说话时，我都会全部听完。无论对方是赞助商、制片人，还是演员，他们想说的我都会听完。

但之后如何判断就是在于我自己了。这并不是说我不会听别人说的话，只是在确实地听过说话内容之后，我要去如何判断又是另外一回事了。重点在于让对方产生“我这位导演肯听别人说话”的印象。而我所听到的说话内容当中，当然也会有我难以反应的情形，但对方也能了解这一点。只要能将闷在心中的话讲出来，对方立时就会感到神清气爽，这样就足够了。

这可不只是单纯帮助对方释放压力，而是中层管理人员最为重要的技巧。

或许所听到的内容当中，十之八九都是废话；但是至少还会有十之一二是让自己恍然大悟，并觉得想要去采用的内容，而且也会让对方产生一种自己的话被采纳了的感受。如此一来，双方就不可能成为敌人。反之，若是给对方留下“这个导演完全都不听人说话”的印象，即便他只是一位工作人员，仍是在瞬间被树立成敌人，之后可能再也不会给我任何建议了。

而是否要接受对方建议，在尺度的拿捏上也并不是很困难。只要觉得是可行的方法，就全部试一次就行了。身为导演可不能嫌这段过程是浪费时间，也绝对不能觉得这样做没用，就直接不去做。

我觉得球队总经理是个很有趣的职位。严格来说，这就是一个中层管理人员，球队老板在特定的期间之内，将除了预算以外的所有事务都交由他全权负责，因此可说是一个接近于经营者的职务。也正因为如此，在球队总经理的下面还要有位主教练。毕竟球队总经理的职责是打造出一支球队，临阵怎么去指挥可就不是他的工作了。

电影中比利打电话买卖球员的场景也相当有趣。每一通电话都是由其他球队的球队总经理亲自接听，而且每次比利打电话绝对都会有人接。

双方的对话节奏也相当紧凑，“我们出这位球员，你们那位让给我吧！等你五分钟。”语毕就直接将电话挂掉。而当自己做好决定之后，不管对方还在说话，同样是果断将电话挂掉。亦即只要做好决定后，直接挂电话就好，无须回答多余的问题。

但是《点球成金》这部电影的世界却与所谓的“美国式商业世界”有所落差，并不是那种冷酷无情的电影。电影中人果然还是赌上了各自的梦想，棒球的职责是带给人们梦想，但是与此同时，若是无法实现自己的梦想，那进棒球这一行是否还有意义？也因为抱持着上述想法，比利不为金钱所动。“我希望带领这支球队获胜”，如果他不是拥有此般信念，就不可能被拍成电影了。

以下是我的结论，那就是不管对经营者，还是中层管理人员，只要身为管理层，最为重要的就是能决定自己的优先级。过程当中自然也会迷惘，但一个完全没有迷惘的人，也就没有做判断的资格，同时也没有办法做出决断。在迷惘当中才能够做出决断，因此一个能够马上做出决断的人，原本就不适合担任管理层。

正是因为有迷惘，才要去决定其中的优先级，旁观者们怎么会知道，决定优先级这件事是何其困难啊！在过程当中也会受到诸般个人原因干扰，但仍是要决定出优先级才行，否则最后将会导致自己以及下属全都陷入不幸之中。

直到今日，除了照着顺序思考之外，还没有任何一个能正确推进事务的方法。各位可别想要用暧昧不清的言语突破此至理啊！无论是什么直觉、经验、统计都是没有用处的，更不用说什么营销了。

而若想要决定出优先级，就必须对自己深信不疑。如果没有对自己的生存方式自信满满，根本不可能决定出优先级。之所以当波士顿红袜队给出一千万美金以上的优渥薪资，比利仍是不为所动，主要是因为他清楚知道自己心中的优先级，一千万美金的薪资并不是他的目标。

换成是比利女儿的话，就是“爸爸，你要更享受棒球”。

比利直觉上也认为，如果自己真的前往波士顿红袜队，就无法实现这句话了。也就是说，比利心中的优先级中，并没有金钱的存在。诚如电影中，比利曾表示：“我只有一次因为金钱而改变过自己的判断基准，而我不会再改变第二次了。”这是在说他当年放弃念大学，选择当上一名职棒球员的事。而这也令比利深感后悔，因此他再也不会改变自己的判断基准了。

一部聪明、锐利的电影就会像是这样子，将情况、桥段、台词等各种碎片组织到电影当中。也唯有一位资深的观影者，才能够毫无遗漏地过滤出其中所有的碎片。面对这样一种电影，如果观影者自身没有足够的经验与知识，那只会视而不见地错过。

我在电影中所隐藏的碎片，观众只要能发现其十分之一就好了。每次我也都是抱持着上述心态来制作电影，但是大多数观众往往都不会察觉到。不过只要能够条件反射般地产生“为何电影只做到这样”“为何需要这个场景”“为何这个角色可以做到这种事”等疑问，一定就能够体会编剧的巧思。但是要察觉这些巧思则需要大量的观影经验，如果没有那种“感觉就像把一辈子的电影都给看完”的观影经验，也就无法察觉这些巧思了。

如果只是让观众在看完之后产生感动，却无其他，这样的电影并没有什么价值可言。电影中有种超越感动的价值，那就是帮助增加观众在人生判断上的知识与学识。每个人的人生长度都有其限度，如果再不体验一些虚构的生活，那么自己的人生就无法获得更多知识与学识。

只要是虚构的创作，不管题材是恋爱、赌博、战争、杀人、犯罪，身为观众的我们都能够客观地观看他人的人生。如果自我设限，只肯将发生在自己人生当中的事视为知识与学识，则任何人都不可能拥有足够的知识与学识，因此才会重复干些蠢事。

仅凭自己人生的知识与学识完全不够，如果不借由虚构的创作来增加自己的知识与学识，那么人类的一生就不可能活得十全十美了。

所以虚构的创作具有高于现实的价值。但如果仅仅单纯地用其来打发时间，那它的确就只能够来“单纯地打发时间”。不仅是看电影，阅读小说及漫画也是这样。这样来看，《点球成金》正是一部恰到好处的作品。它并不是那种超乎观众理解的惊世作品，却适切地满足了观众所需，这点在近期电影当中着实相当罕见。

1. 棒球统计学（sabermetrics）

以数据分析棒球，借此考虑球员评价以及战略的分析方法。由身为棒球历史学家以及棒球统计专家的比尔·詹姆斯（Bill James）在20世纪70年代提出。当中否定了短打以及盗垒等动作的效果，在内容上大大地颠覆了传统的棒球价值观。时至今日，这套学说仍不受那些持“打棒球的是人，而不是数据”论点的人欢迎。

2.《如果高中棒球队女经理读了杜拉克的〈管理学〉》

日本作家岩崎夏海的小说。剧情描述一名高校棒球女子经理以及其球队伙伴们学习彼得·杜拉克（Peter Drucker）的著作，并以打进甲子园为目标的故事。之后（2011年）被翻拍成动画以及真人电影。

3.《阿瓦隆》

于2001年上映的日本电影。导演：押井守，编剧：伊藤和典，主演：玛尔歌泽塔·弗雷姆夏克（Malgorzata Foremniak）等。本片是部描述一名女性为追寻过往伙伴的身影，而踏入虚拟游戏世界的科幻题材故事。全片于波兰拍摄。

4. 何塞·穆里尼奥（José Mourinho，1963—　）

葡萄牙足球教练。因受伤而结束球员生涯，之后曾任口译员、教练，于2000年开始担任球队主教练。率领波尔图足球俱乐部赢得欧洲冠军联赛冠军后，其经营手腕受到广泛赏识，因此就任英格兰超级足球联赛之切尔西足球俱乐部的主教练。之后历任意大利国际米兰、西班牙皇家马德里等球队的主教练后，于2013年再次回归切尔西。现执教英格兰球队曼彻斯特联队。

5. 长嶋

指时任日本棒球主教练的长嶋茂雄。——译者注

6. 毕业席次顺序

日本海军会以毕业席次顺序来决定进入军队后的位阶。因此在人事安排上，不会有“后进入军队者的位阶超过其他已毕业前辈”这种违反毕业席次顺序的情形。

看你是要干掉下属，还是自我毁灭？

中层主管的残酷故事

3

时值1942年第二次世界大战期间，驻留于英国本土的美国空军——第918轰炸大队为了击溃德国纳粹军备基地，甘冒危险于白天展开轰炸，却遭敌军猛烈反扑，以致有四分之一以上的任务机未能归还。

性格温厚和善的指挥官达文·波特上校，备受下属仰慕，但总司令指出其温吞性格便是弱点，因此解除其职务。继任指挥官一职的则是与波特交情良好的沙维奇准将。

面对军纪涣散的部队，沙维奇实施高压政策，毫不容情地惩处负责人，大量加强队员的训练。其做法招致队员强烈反感，陆续传出有人希望调至其他分队的消息。但是之后因训练的成果令战绩提升，战死者的人数也因而锐减。下属们亦逐渐对沙维奇准将产生信赖。但此时因连日出战，沙维奇的身心已经濒临极限……

这虽是一部战争电影，但比起展现壮丽的战斗场景，更多的是去刻画人的情感纠葛与内心苦闷。之后也推出了同名电视剧。

《晴空血战史》（*Twelve O'clock High*）

于1949年上映的美国电影。

导演：亨利·金

编剧：小贝尔尼·莱伊、萨利·巴特利特

主演：格里高利·派克、加里·梅里尔、迪恩·贾格尔等。

最近美国电影中很少有那种编剧极佳的作品了，反而是表演、摄影这些方面更加被看重。想看剧情有趣的电影，只能去看老电影。

本次介绍的是一部年代久远的美国战争电影《晴空血战史》。这是部在我出生前两年上映的电影，我自然不可能在刚上映的时候就跑去看，不过在学生时代反复看过好几遍呢！这部战争题材的作品由格里高利·派克领衔主演。印象是还有些，但遗憾的是有些细节记不太清楚了。

这部电影讲的是欧洲战场的战略轰炸。所谓战略轰炸，系指第二次世界大战期间，一种于欧洲战场时常展开的作战策略。提到“二战”期间的空战，虽以德国纳粹空军与英国战斗机部队争夺英国本土上空制空权的不列颠战役[1]等战役较为有名，但这不过是一场仅限于战斗机对战的区域战。

不论是以规模，乃至于战死者人数来说，战略轰炸才是第二次世界大战时期在全欧洲规模最大的空战。

或许日本人对此不太了解，但自古以来欧洲人就抱持着“打仗就是要将对方的城市烧毁殆尽”的类似想法。空袭这种攻击手段不仅有纯军事层面的效果，也能够收到更好的宣传效果。

由于直接在敌方城市地区投放炸弹，战场就好像突如其来地出现在普通百姓的面前一样。前线与后方地区的距离也在转瞬间消失，这样可以相当有效地给予敌方心理上的打击。古往今来，空战都在传递着政治意味的信息。

柯蒂斯·李梅[2]是一位美国相当有名的上将，他提出一套理论称“只靠战略轰炸就能够赢得战争”，也就是一种空军万能论。他也是当年东京大轰炸的指挥官，而于欧洲展开的战略轰炸则可称得上是其前哨战。在欧洲战果颇丰的他，之后指挥军队对日本展开轰炸。他很懂得“如何效率极佳地破坏一座城市”。

时值第二次世界大战期间，美国上百架的轰炸编队没日没夜地对德国展开空袭。一架四式重型轰炸机（即搭载有四具引擎的大型轰炸机）约可乘载十二名军人。飞行规模较大时，甚至会同时出动一千架四式重型轰炸机。假设是一千架轰炸机，则代表该次出击的乘载军人数为一万两千人。

对于遭遇战略轰炸的地区而言，都会知道对方要前来轰炸，因此必定会备有战斗机与高射炮迎击。数字上来说，每次战略轰炸必定会有百分之三到五的轰炸机无法返回。假设出动一千架轰炸机，则意味着其中将会有三十到五十架轰炸机无法归还。也就是展开一次战略轰炸就会有数百名军人丧命，以军队全体人数来考虑，这也是一个极大的数字。

因此美国对二十岁上下的年轻人进行速成教育，培养成轰炸机的机组员后就大量送至前线打仗。电影《英烈的岁月》[3]中也有描述类似剧情。据说美国空军士兵只要出击二十五次并成功生还后，即可自军队退伍；但就概率而论，出击二十五次并成功生还几乎是不可能的事。当时的战事激烈，较为凄惨的时候甚至会有百分之十五到二十的轰炸机无法归来，估计当年有多达数万名的机组员因此殒命。

由于对德国展开的战略轰炸陷入僵局，为了打开局面，美国派出两队 B-17 轰炸机[4]前往欧洲。而《晴空血战史》的故事就是在讲述这批被派遣至欧洲的 B-17 战略空军部队。

温厚对冷酷，哪种才是理想的上司?

达文·波特上校（加里·梅里尔饰）是派遣部队的指挥官，他性格温厚和善，因此备受下属景仰。即便下属因失误而导致任务失败，他也会为下属掩饰，从不会公开挑明。之后他因故遭到解任，新任指挥官是由格里高利·派克饰演的沙维奇准将。

沙维奇准将是位宛若鬼神一般严厉的老头，队员们不得不接受持续的高强度训练，而犯错的队员则会遭受到毫不留情的降职处分。大家全都筋疲力尽，对沙维奇怨声载道。部队里每个人都认为“继续听这家伙的命令可会没命的啊！”，甚至有人因此提出调职申请。

但是实际的战果却恰恰相反。

多亏严苛的训练，部队受到击坠的概率逐渐下降，战绩也日渐提升。同时沙维奇准将并非只是平常态度严厉，出击时自己也会搭上战斗机亲临前线，坐镇指挥。下属慢慢地也开始能理解到他所作所为的真意。原来他是为了下属着想，才会要大家接受如此猛烈的训练啊！

虽说结果逐渐变好，但是沙维奇准将的精神却逐渐分崩离析。因为不管多么努力，下属仍是接连战死，这令他陷入无法控制的精神错乱状态。

前任指挥官以体恤下属闻名，继任者沙维奇准将却是位宛如鬼神一般严厉的老头，刚开始队员总是抱怨连连，但也逐渐对他的所作所为产生理解……剧情如此推进的同时，沙维奇准将却在人格方面逐渐分崩离析。这便是这部电影的叙事特征所在。

指挥官陷入了矛盾之中，在战场上若为下属着想，就要尽可能地守护其性命；但与此同时，大家面临的是一场战争，若不尽快提高战果，那么战争将迟迟无法结束……

这也是战争永恒的主题。若是重视军队士兵的性命，便会导致战果难以提升，进而陷入拉锯战的窘境。反之，若想尽早结束战争，就得无视某种程度的牺牲，积极进军，这能挽救更多下属的性命。究竟哪一种选择更好呢？

时至今日，这样的矛盾还存在着。“越战”也是如此。如果战争长期胶着，美国的年轻士兵会接连丧命。为了打这场战争，已经有数万人魂断战场，美国也希望尽早结束战争。

而唯有获胜才能够让战争结束，所以也只能抱着流血的觉悟大举进攻了。

没有任何军队能够摆脱此种逻辑。虽说各国国情不同，人命也或卑贱，或尊贵，但是本质上的差异只在于各自能承受多少损失，说简单点，也就是战死多少人。

这部电影有趣的地方在于，它不单单只描述战争，同时也刻画出了上司与下属的关系。

究竟怎样的上司才是下属心目中的理想的上司？或者说，身为上司，该有怎样的行为举止呢？

沙维奇准将是位战斗指挥官，而这种实战部队的指挥官若是替换成公司的职位，便是所谓的中层管理人员了。司令部会提出“我要你将战果提高到这个程度！”之类的要求，这与在公司的业绩目标并无二致。身为中层管理人员，必须设法完成高层所设定的业绩目标，如果无法顺利完成，最后就会像自己的前任一般被换掉。

也就是说，沙维奇准将就像一位被调派到业绩惨淡的分公司工作的业务部长。二者抱持着相同的立场。

这位业务部长在上任之后，不停责骂下属，不管下属是否会过劳死，甚至于家庭失和，也要让他们拼命工作。相比之下，前任业务部长每到下班时间就会放大家回家。但是这位新上任的业务部长知道，若是不抱着透支身体的觉悟去拼命工作，最后公司可能会因此倒闭，每个人都逃不过失业的命运。

那么各位此时也可以想想，若是你又会怎么做呢？

《晴空血战史》这部作品借用战争电影的外壳，实际上在描述组织里中层管理人员心中所抱持的苦闷。电影中也有展现下属全然不理解中层管理人员何其辛苦的段落。

下属全都会怀念前任上司，认为他重视下属的性命，也会为下属推掉过于乱来的命令。也正因为如此，这位前任上司才会被炒鱿鱼。新来的上司是位宛如鬼神般严厉的老头，他会将下属给折磨到濒临死亡，而且个性冷酷无情，即便有人战死沙场，连一滴眼泪也不会流下。不过就结果而论，成果却逐渐变好，不再有太多伙伴在战场上丧命。

如果故事就在这里画下句点，可就是完美结局了。怎料当众人开始对新任上司产生理解，并认为这老头或许才是理想中的上司时，这位中层管理人员却突然精神病发。

战死的下属接连在沙维奇眼前复活，同时他却仍一天又一天不停地将下属送至战场，这一切让他的心灵逐渐崩溃。我记得电影差不多应该就在这里结束了。之后时间快转，以当年沙维奇准将副官的口述为电影画下句点。

或许对中层管理人员来说，每位下属都相当重要，但是对他们态度过于和善则会导致业绩不停下滑，最后令公司覆灭。若是公司有着强大的竞争对手，公司更是时刻处于存亡危机之中，此时难道还能继续包庇下属吗？

当然不是，此时只能够无视下属的批评声浪，努力提升业绩以守护公司安危，毕竟以最终结果而论，这能够帮助下属避免失业。但也或许会造成下属过度操劳而倒下，甚至于发生家庭失和的惨状。这部电影就是向观众抛出了一个“如果是你，你会如何选择”的问题。

现在我不知道大家是否还用“企业战士”[5]这个词汇。当年日本正值战后经济成长期时，出现过众多的“战死者”，战死在职场这片沙场呢！《晴空血战史》是1949年推出的，在日本进入经济成长期之前就上映的电影，但之后日本职场的发展却与电影中描写的如出一辙。

自学校毕业，与自公司届龄退休，两者性质似是而非

电影中的沙维奇准将在前后两半截然不同。前半的他就是位如鬼神般严厉的军人，扮演着一位彻头彻尾的铁血司令官。而到了电影后半，当队员逐渐理解其真意时，他又陷入了极大的精神压力之中。

电影并没有讲沙维奇准将在精神崩溃后的结果，是被送入精神病院治疗，还是被司令部撤换。但毫无疑问地，这部电影并非圆满收场。如此一想，对上班族而言，最为理想的“结束方式”又该是怎样的呢？

我从没当过上班族，只极为短暂地在公司上过班。那是

一家广告数据统计公司，公司的管理态度极为松散。员工不管几点去上班，几点下班都不会被骂。由于我只在这家乱七八糟的公司待过一小段时间，因此不太知道上班族工作到届龄退休时，心里到底是会抱持着怎样的想法。换言之，也就是说我不了解“何谓上班族心中的最后胜利条件”。

举例来说，是否很多上班族都会抱持有下述理想呢？譬如，退休后有一栋不错的房子，有一个可以养珊瑚的大鱼缸，另有一栋在离家有段车程的海边房子，能够于周末时至该处度过悠闲时光，划独木舟等，中午则可以带着老婆去附近的餐厅用餐，晚上则一起下厨，两人边啜饮红酒，边享用亲手烹煮的美味佳肴，并在视听室听着自己喜欢的爵士音乐……

对我来说，那种每天划小艇、喝红酒的生活，别说过上半年，可能三个月左右就感到厌倦了，而且要能过上这种生活，当年上班时可也得相当努力才行。我认为如果是位当年为公司赚进几百亿日元的工作狂，大概马上就会对上述生活感到厌倦了吧！

我打算直到自己脑袋变痴呆、身体也不再能动为止，都要持续拍电影。身为一位电影导演，好处就是没有所谓的届龄退休。像是日本电影导演新藤兼人[6]就拍电影拍到了一百岁。虽然我可没想过要活到一百岁，或是拍电影拍到一百岁之类的事，但我现在（2013年8月）的年纪是六十二岁，我想稍微拼一点应该是还能再干个十五六年吧！

但是一旦产生“差不多不行了呢”的想法时，我就会离开电影导演的职位。

我压根没有打算像深作欣二那样于电影拍摄现场离世，毕竟我没有喜欢电影拍摄现场到那种地步，同时也称不上是一位勤奋的导演。我就是抱持着这种主义，像现在我每天都只工作三小时而已。

而与电影导演不同，那些在巨大组织当中功成名就的人，总有一天仍是需要离开公司，他们不可能永远留在公司，总有一天会有人对他们说“好啦，你就干到这里了”。

即便是身居总裁的高位，同样不可能工作到死吧！

所以，我认为从这个角度来讲，如果上班族没有在心中设定“要让自己的人生如何结束”的目标，不管多么努力工作也是毫无意义的。

譬如我本身则相当自然地抱持着“我要做到自己做不动为止”，因此也没想过自己的人生要如何结束之类的事，但是上班族却总有一天要迎接退休。这与自学校毕业完全不同，自学校毕业乃是移往下一个人生舞台，但是自公司退休之后，可就得要自己规划下一个人生舞台了。

而那些在公司里孜孜矻矻地工作，并在公司的人生旅程上大获成功的人，抱持着胜利归来的心态回归家庭生活后，常常会出现老婆完全不搭理自己，即便与住家附近的邻居接触时，也常会出于习惯而抱持着高姿态，以致无法与周遭打成一片的情况。如此一来，在卸下上班族的身份之后，自己就变得不再拥有与社会之间的接点了。

届龄退休让他们既非归属于家庭，亦非归属于社会，在技能方面全数归零。

换成是一位在公司表现平凡的人，或许最后退休时也只当到课长，但是他却常常在小区里担任志愿者，或是与左邻右舍一起运动，因此原本就拥有与社会之间的接点。像这种人即便自公司退休后，仍能拥有社会性的技能。也就是说即便脱离了公司，他仍未失去自我定位。

没有设定人生目标，那么被人使唤也是理所当然

我发现最近有越来越多年轻制片人以及制作负责人罹患抑郁症，就像是电影中的沙维奇准将般。据说他们都关在家中，足不出户地观看 DVD，而不去上班。恐怕当他们年过三十，并贷款买下房子、生下小孩之后，才终于惊觉自己之后得背上三十年的房贷。他们自然就会忧虑自己所待的工作室是否能撑上三十年。

举例来说，吉卜力工作室[7]在最近终于发表了宫崎骏先生要退休的消息。显而易见地，他一退休，吉卜力工作室也就走到尽头了。即便能继续存在，相信也是以一家版权管理公司的

形式。如此一来，吉卜力工作室的员工又该何去何从呢？

或许会有人觉得，他们只要换到其他家工作室就好啦。但我认为这相当困难。有些动画师在吉卜力工作五年，乃至于十年，仍未有过绘制人物角色的经验。只有屈指可数的人，在吉卜力工作室有绘制人物角色的资格。因为若不是这么做，也就无法制作出质量如此优异的动画作品了。

而在其他家工作室工作的动画师则相当忙碌，不可能悠悠哉哉地说什么每两年推出一部长篇动画作品，而是要不停地绘制各种动画。像这类人则拥有一定程度的动画绘制能力，即便离开原本的工作室，换到其他地方也仍能混口饭吃。吉卜力则不同，当中优秀的人自然是强到夸张，但底层的人却也难以往上爬。

在某个时间点，吉卜力工作室的员工会猛然惊觉"如果宫崎先生离开了，我们可就全要失业了耶！"这件事。虽说如此，动画师有一技在身，情况还没有如此糟糕；但像是制片人或是其他负责制作的人则会感到前景一片灰暗，"毕竟都背了三十年房贷买下房子，小孩也生了，要将孩子栽培到读大学可是还有二十年以上得拼呢……"因此罹患了抑郁症。

就我看来，吉卜力工作室是一家"专门制作宫崎骏电影"的特殊工作室，因此大家的"守备范围"都较为狭窄，如果被迫离开并到外面找工作，没多久就会枯萎凋谢，几乎没有能像杂草一般生生不息的家伙。

宫崎先生就像是一头威武刚猛的百兽之王，而吉卜力工作室则像是为了饲养这头威武刚猛的百兽之王而特意人造的非洲草原。

铃木敏夫[8]最近正拼老命在阅读抑郁症相关的书籍。我并不认为责任该落在小敏的身上，他只不过是抱持着“派不上用处的人，听派得上用处的人使唤也是理所当然”的想法罢了。从以前开始就是如此。

日本的团块世代[9]基本上也抱持着类似想法。也就是“我抱持有自己的人生目标，而那些没事情好干，甚至连人生目标都没有的年轻废材听我使唤也是理所当然的！”

光只看使唤下属的部分，沙维奇准将与小敏都很像是生于团块世代的老头，但是宫崎先生、铃木敏夫、高畑勋等指挥官等级的团块时代老头在个性上不同于沙维奇准将，因此也不会跟他一样陷入崩溃。但也因为本人过于坚忍不拔，崩溃的反而是周遭的人。

相信在阅读本书的人当中，有不少人会将情感带入沙维奇准将身上。乍看之下，他尽情使唤下属，几乎将众人都折磨到半死不活，但实际上却也让众人的生还概率增加……而我们很难去判断这种做法的对与错。未曾如此操劳过的人，或许也无法了解这部电影真正有趣的地方呢！

身为战略轰炸部队的一员，通常都会从现场的指挥官开始崩溃，就像是这部电影所演的一样。而在日本的军队当中，士官的心灵却出乎意料地不容易崩溃，我想这是因为他们原本就不打算扛责任，自然一副吊儿郎当的样子了。取而代之地，他们的下属却会一一陷入崩溃。对美国人而言，“负责任的方式”在人生一开始就是在身处上述情形时的目标。日本却没有人学过负责任的真正含义。

以我的话来说，这也是让美国这个国家如此坚强的理由所在。

当上司命令下属时，自己就需要负起责任。而当下属接受命令之后，也可以要求上司负责。换作是日本，既没有那种会要求命令自己的上司负责的下属，也几乎没有肯对下属负责的上司。无论是在军队，还是在公司都是如此。

之所以会造成这种情形，是因为日本人的人性由上到下皆为等质。美国就不同了，人们的价值观各式各样，文化、语言的类型也是五花八门。也因为有上述的大前提，如果人们无法简单明快地负责，那么在一开始就无法形成组织了。因此美国人得以在一开始就抱持着“负责任的方式”这个目标。或是我们更该说，如果美国人没有抱持着这个目标，也就不会有美国这个国家的存在了。

《晴空血战史》所描述的战略轰炸，军队已经知道每次展开一次作战都会有百分之三到五的死亡率，但仍付诸行动。他们身处一个全凭统计与概率说话的世界，每当有一万名以上的士兵出击，一定会有好几百人无法活着回来。

而在作战上，也不会有那种“再加把劲就能够获胜了，所以再勉强也要继续下去”的情形。在战事上乃是在与被击落的容许界限对抗，若是被击落超过百分之十五，再怎么样也不会继续出击，而是会暂时停止飞行。期间军方会彻底找出造成如此严重损失的原因所在，究竟是在编队的组成方式上出了问题呢？还是因为敌方换了新的作战方式？在得出结论之前，则会暂缓展开下一次轰炸。

如果是像日本那种“全员一起苦干实干”的做法，则没多久就会将资深飞行员给消耗殆尽了。每位资深飞行员的培育时间都相当长，因此不可能快速补充。但是也不可以滥竽充数，随意找些阿猫阿狗来充数。

特别是轰炸机的主驾驶与副驾驶皆需要相当优秀的飞行员才能胜任。他们可是要驾驶着一架体积硕大无比的轰炸机，并率领十位机组员前去执行轰炸任务，因此务必得拥有“绝对要成功生还啊！”的气魄才行。其他的机组员则是要负责以机枪射击，或是以无线电通话，因此只需要约三个月的培训期间就可以搭上轰炸机，以机组员的身份加入任务了。

这也是战略轰炸有趣的地方，因为这可说是战争的缩影。可以被大量培训的人、尚未受到彻底锻炼的人，以及负责指挥他们的人，这三种人都置身于战场当中，并在作战上有着各自的损耗率。

电影中，沙维奇准将虽亲身搭上战斗机，但指挥官实际上并不会跟着战斗机一起飞行。指挥官的工作只是负责训练军士，并默默地守候着他们。

指挥官们并不需要直接与敌人交战，但却需要默默地在心中与上司，以及自己的人性对抗。像是明知道每次出任务会有百分之五的人丧命，仍须把军士送往战场，这正是与自己心灵的战斗。

真正的管理职要能勇于做出决断，同时守护现场

每次在制作动画电影时，我也从未想过每位动画师都能平安无事地做到大功告成。其中约有百分之五，乃至于百分之十到十五的人会自战场逃离，有时也会有让我不得不将动画师开除的情况发生。在制作电影的过程当中，我总是需要思考，究竟该何时告诉对方“你被开除了”，又该从哪里找来战力补充之类的事。当然啦，此时我所做的并非是要减少“战死者”的数量，而是在淘汰。

淘汰，这是身居高位者的责任，也是应行的义务。如果不做出淘汰，最后只会让大家都遭殃。我的想法就是“把那两个家伙给炒掉吧！留着也只是在扯其他人后腿罢了，继续下去可是会让士气下跌的。”

讲人情世故的人可无法胜任导演！虽说如此，在换掉手下

员工时未纵观全局，觉得不管换掉几个人都无伤大雅的人纯粹只是过于严苛，这种个性的人也无法做好导演工作。毕竟下一次可不会有人想找他当导演拍片了。

大家都会觉得“我才不想再跟那种糟糕透顶的人一起工作呢！”，就像沙维奇准将也不单单只是个性严苛啊！

一位称职的导演要能同时兼顾这两项人格特质，既要能做出决断，同时也要能守护现场。守护现场就是导演的工作，不管是守护制片人、赞助商，还是唠叨的电视台……而将派不上用场的人给割舍掉，借此守护现场也是导演的职责。这与沙维奇准将的所作所为没有区别。

当然也会有导演在过程当中崩溃，乃至于从战场逃亡。那些逃亡的导演将不再得到工作机会，因此无论接下多么难搞的烫手山芋，也不能随意逃走，而是要尽力完成。如此一来才能受到积极评价。反之那些脱逃的家伙，烂名声将在转眼间传遍整个业界。

公司与军队都是由上下关系构成的组织，以这层意思来看，两者的性质可谓相同。没有军队则不可能发动战争，没有下层士官则无法赢得战争。没有优秀的高层军官虽同样无法取得战争胜利，但作为高层的军官是最容易被替换的。

这个世界上不可能会存在那种既有优秀高层，又有优秀下属的理想军队。或许会有些精锐部队，当中有着部分优秀的上层以及下属，但是综观而论，那种“由上到下尽皆优秀的军队”在过往历史当中没有，今后也不会有。毕竟在军队当中，能力较差的人一定会去仰赖能力较为突出的人。

美军的制度之所以较为合理，就是因为他们以“将下属当成笨蛋”作为前提。每个人都会设法摆脱自己地位最卑微的处境，美军就是抱持着上述想法，倾全力打造出一整套锻炼笨蛋的指南。无论是多么蠢笨如牛的家伙，在接受一定时间的培训计划之后，也绝对会转变成一位可以派上用场的士兵。而为了开发出这种方法，美军展开了大量的研究。

美军面临士兵识字率甚至没有达到百分百的状况，而且人种、语言也是各式各样。也正因为面临这些状况，形成所谓的指南文化也是理所当然的事情。苏联军队也有同样的情况。

我觉得，甚至也不可能有任何一家公司完全由优秀的上司与下属所构成。或许能力较差的上司都被淘汰得差不多了，但是否也没能建立起一套用以锻炼下属的系统呢？

应该也很少有下属对公司具有足够的“忠诚”，值得公司对他们进行锻炼。毕竟不知道之后何时会被公司舍弃，自然也不会有什么忠诚可言了。因此或许在公司经营上，也只能像是美国军队一样，以“员工什么事情都不会”作为前提来锻炼了。

如此想来，其实是中层管理人员在支撑着现在的日本企业，上面有频繁更迭的经营阵容，下面则有一大群派不上用场的废物员工，最后也只得由那些部长与课长来努力守护公司了。

而在出版社当中，是否就是由身为中层管理人员的总编辑及副总编辑来加把劲呢？或许有不少人认为总编辑就是个摆设，但是比起那种不时滥用自身权利，企图强行介入杂志制作的总编辑，在纯为摆设的总编辑手下制作出的杂志内容会更为有趣。因此曾负责过知名作品的总编辑，之后将会游走于各家出版社；而越是同样能干的基层员工，也越会离开出版社自行接案。而那续留在出版社，却派不上用场的杂牌军，又该由谁来统帅呢？

如果不令那支杂牌兵重整旗鼓，就无法打赢战争。如此一来，中层管理人员的心灵就会逐渐因压力而陷入崩溃。在《晴空血战史》这部于六十年前上映的电影中，也确实地呈现出此种构造。日本的军队，乃至于企业构造都是歪斜而不正常的。

就像是沙维奇准将既要考虑下属，又要考虑战略，如果一个人过于专注地为了公司倾尽全力，最后就会像是夹心饼干一样无处可逃。如此一来最后就会陷入崩溃。那么又该如何是好呢？

以我来说，那就是身为中层管理人员的人也当个笨蛋就行了。当然，如果中层管理人员真的是个笨蛋也会很困扰，但是只要假装成自己是个笨蛋就行了。所谓大智若愚，中层管理人员可以装成笨蛋，巧妙地欺骗、逼迫、利用年轻的下属。

反正他们对公司也没有一丝忠诚，所以得要巧妙地让对方以为会得到好处，并且加以诱导。

如果不这么做，下属也不可能自己动起来。诚如前面所写，若要使唤心中没有目标的人，只要将目标赐予他们就行了。而本章的主题也会延续到下一章。

让无能下属工作的究极手段

不要给他选项

4

1. 不列颠战役（Battle of Britain）

系指于第二次世界大战期间，德国在令法国投降之后，欲夺取英国本土的制空权而大胆展开的一系列空战。在1940年7月10日至10月31日期间，两军于英国领空以及多佛海峡连日交战，最后英国空军成功击退了攻势猛烈的德国空军。

2. 柯蒂斯·李梅

（Curtis Emerson LeMay，1906—1990）

美国军人，官拜空军上将。为战略轰炸专家，曾提出东京大轰炸等让日本化为一片焦土的作战计划。

3.《英烈的岁月》（*Memphis Belle*）

于1990年上映的美国电影。导演：迈克尔·卡顿-琼斯（Michael Caton-Jones），编剧：蒙特·梅里克（Monte Merrick），主演：马修·莫迪恩（Matthew Modine）、埃里克·斯托尔兹（Eric Stoltz）等。剧情背景设定在第二次世界大战的欧洲战线，描述十位搭乘美国空军传奇轰炸机——孟菲斯美女号（Memphis Belle）的年轻机组员同心协力，一起完成任务的故事。

4.B-17 轰炸机

由美国波音公司开发的四式重型轰炸机。于1938年开始运用，并在之后投入第二次世界大战前期的太平洋战区，以及自1943年展开的德国本土战略轰炸。

5. 企业战士

在日本指为公司鞠躬尽瘁、死而后已的员工。——译者注

6. 新藤兼人（1912—2012）

日本电影导演。在满一百岁离世前，坚持担任导演拍摄电影。主要作品有《原爆之子》（1952）、《赤裸的十九岁》（1970）、《午后的遗书》（1995）等。

7. 吉卜力工作室

一家推出动画等影视作品的企画、制作公司，于1985年由德间书店出资创立，制作过多部由宫崎骏与高畑勋监制的动画作品。

8. 铃木敏夫（1948—　）

日本电影制片人。曾于德间书店旗下的杂志Animage担任编辑，负责过大量宫崎骏的动画作品。后于1989年进入吉卜力工作室，为吉卜力工作室现任负责人、制片人。

9. 团块世代

在日本指生于1947年到1951年之间，第二次世界大战后婴儿潮的人口。——译者注

时值 2002 年，横滨的湾岸大桥突然发生爆炸事件。据媒体报道，这是疑似受到日本自卫队的 F-16J 战斗机发射飞弹袭击所导致。此时有位男性来到了特车二课的南云忍与后藤喜一面前，他自称是任职于陆幕调查部别室的荒川，请求二人协助搜寻一位名为柘植行人的男子。而柘植行人乃是前自卫队队员，在 1999 年参加联合国维和部队（PKF）时，于东南亚某国失踪。柘植也是南云的前任男友。

后藤拒绝了荒川的请求之后，马上发生了由自卫队战斗机发起的幻之东京轰炸事件。反应过度的警察开始发起抵抗自卫队的行动，逐渐发展至某部分自卫队部队于驻扎地固守不出的事态。

之后状况更是进一步恶化，政府当局为求事态尽早获得解决，将造成事态恶化的责任推给警察，并命令自卫队出动至东京维持治安。之后在某个下雪的早晨，三架战斗直升机自东京湾填海造地地区飞离……

本作品的背景舞台设定于近未来，并向观众抛出了“何谓日本现今的和平”“战争又为何物”等问题。可以说是押井守身为动画导演的巅峰之作。

《机动警察剧场版 2》（*Patlabor 2 The Movie*）

于 1993 年上映的日本动画电影。

导演：押井守

编剧：伊藤和典

配音：大林隆介、榊原良子、竹中直人、根津甚八等。

说到以面向上班族为主题的电影时，不由得想到不少追求写实风格的美国电影，尤其是冷战前后的一些作品。这次我们要讲的就是“个人要如何在组织中拥有自己的目标”。

并非偶然，这也是美国电影在那一时期的重要主题之一。最近似乎也有好些美国电影拿当年的主题冷饭新炒呢！

然而令人遗憾的是，日本却没有几部电影是在描述这类主题的。这是因为直到某个时期为止，日本人都还是习惯全家人一起去看电影，同时日本也已经有“战后”这个强而有力的主题，足堪取代“冷战”。也就是说，长年以来，日本的电影都是在拍所谓的“战后电影”。

而当“战后”这个主题告一段落之后，我感觉日本的电影变得不是在讲“家庭”，就是在谈“情爱”。让我打开天窗说亮话吧，这些以“情爱”作为主题的电影，上班族即便看了也没啥帮助。以“情爱”为主题的电影，其主题乃是“恋情得以成真”，因此其中全然没有描写到实现恋情所需的战术，乃至于战略。“当主角与其对戏的角色见面瞬间，两人便互相喜欢上对方，接下来的剧情发展就是所谓的恋爱电影。这其实根本就没有描写到恋爱本身啊！”我的老师曾经如此对我说。

而“上班族看了会有帮助的电影”也并不需要是社会派的题材。我认为只要一部作品能够写实地描写个人身处于某种状况，乃至于描写个人努力与现实抗衡，在剧情上充满了故事性，那它就会是一部各位看了会有帮助的电影。

在我的作品中，比起上班族，登场角色往往大多都是中层管理人员，而《机动警察剧场版 2》正是这样一部讲述中层管理人员生活的作品。我对后藤（喜一）[1]这位在电影中担任队长的角色最感兴趣，同时也对（南云）忍[2]这一角色无法成为队长一事颇感玩味。

假若一名公务员想要实现正义，那情况会如何呢？

说真的，那些支持了《机动警察》这部包含漫画原作在内的系列作品的粉丝，他们究竟是喜欢这系列作品的哪些元素呢？我无论如何都想不到 98 式[3]那种机器人会如此受欢迎，就像《福星小子》这部作品的高人气也令我感到意外。98 式这种机器人外形朴素，同时也无法翱翔于天空，武器更是只有一把大手枪，没有什么光束炮、飞弹之类的东西。最原始的企划及概念是想制作出一部脚踏实地，具现实感的机器人动画，而不是像《魔神 Z》《铁人 28 号》那类荒诞无稽的天马行空作品。但是说到底，究竟又有谁会去追求什么现实感呢？

的确当时市面上已经有《机动战士高达》《装甲骑兵 Votoms》[4]《超时空要塞 Macross》等多部以现实感为方向的机器人动画作品，但是对于我来说，《机动警察》与上述作品的主题截然不同。

《机动警察》这部作品最开始就以“说到底，所谓巨大机器人根本就无法实现，可以实现的机器人顶多就是这种大小吧？”作为设定，而这种设定在一开始就极为不利。即便是高达都有接近二十米高，但是作为机动警察的98式在设定上却只有七八米高，差不多只相当于二层楼高的民宅。

或许这种设定比起巨大机器人更为贴近现实，但却过于简朴。当时我未曾想过这部作品会大受欢迎。我想说“这种作品怎么可能会成立嘛！”毕竟在一开始就有如此大的限制，之后还能有什么搞头呢？

于是在推出第一部《机动警察》的OVA作品时（现在于日本发行的DVD片名为《机动警察PATLABOR Early Days》）[5]时，我便试着逆向操作，以此种限制作为主题。譬如要在电池有电的期间才能行动、无法自行移动，因此需要以货柜车运输至现场、活动时一定会破坏某些事物，同时机体本身也会损坏、维护保养相当费工等等。我们将它设定成几乎是为了移动事物而存在的部队。这样子说起来也挺有趣的，但是这种题材在第一集用过之后，后面就无法继续使用了。

这种日常生活的题材可以全凭制作团队发挥，无论剧情多么逗趣，甚至于引人发笑都没问题。

在推出电视动画系列（《机动警察PATLABOR ON TELEVISION》）[6]时，我也曾经负责过六集左右的编剧，那时我觉得“像这种题材要我写多少都没问题”。

不过日常生活的题材虽然能用来作为电视动画系列的主题，却无法当作电影的主题。

在推出第一部电影《机动警察剧场版》(以下简称为《机动警察 1》)[7]时，上演的故事内容是在讲计算机病毒[8]。与计算机相同，机器人也要在其硬件当中安装软件，并有其用户、开发者存在。也就是说，根据使用者不同，LABOR[9]也有可能化身为凶器。

《机动警察 1》在当时取得了很不错的成绩。但是计算机病毒的桥段却只能使用一次。像是更新程序、升级软件版本等解决方法，用过一次之后就不能再用了。因此在制作《机动警察 2》时，身为导演的我也必须找到自己的主题才行。

于是我就想，自己与机动警察中的特车二课[10]之间有什么相似的地方。他们勉强可称得上专业人士，但却是一支全然不受期待的废柴部队。在不受期待之余，他们也就没有任何包袱。这让我觉得他们就跟高中生没两样。因此简单来讲，机动警察可说是一个高中生的世界。

如此一来，队长就是班主任，队长室则是老师办公室，队长待在里面时不得不改变原本的言行。而只要班主任一离开，平常聚集在教室里的学生们就像是来到了天堂，会喧闹不休，也会霸凌同学。此外也有比班主任更要不得的校长，那就是没多少戏份的特车二课课长。校长只需要帮忙扛责任就行了，无须直接与学生们对话。

因此我想在电影当中只能描绘学生与班主任之间的关系，便以队长作为《机动警察 2》的主题。我认为这样子比较有趣，因为队长在性质上其实与导演相同。即便将队长与队员之间的关系代换成导演与工作人员也没任何问题。想办法让手下听话，借此实现自己的目标，以这层意思来看，队长与导演也并无不同。

既然与导演相同，那么理所当然地，队长自然也会有其主题。无论是后藤还是忍（第一小队队长），当然都有各自的主题。但是两人的主题却有些微妙不同。而这丝毫的差异也令两人身为队长的命运大相径庭。

主题的名称是“正义”，这也是两位队长的目标。但事实上，只要两人仍身为警察，就不可能实现正义二字，其中存在着绝对的矛盾。说到底，警察并非所谓“正义的一方”，他们的身份都是公务员。

而公务员这种存在必须对当时的政权效忠。而事实上，官员可就全然没有对当时的政权效忠了。

当执政者与身为公务员的自己在正义的认知上有所差异时，公务员如果仍想实现心目中的理想，那么情况会如何呢？《机动警察 2》就是一部在描写此情况的电影。它讲述的是一段若是想实现正义，就得发动政变的故事。

日本也曾经为了这个理由而发动过战争。基本上，军人在性质上与当官的没什么不同，无论是海军，还是陆军，他们都是官员，因此便为了自身组织的存亡而发动战争。当时只不过是因为政治家无力阻止军人发动战争，同时天皇陛下也被用来谋求军人利益。事实上，当年的皇室乃是反战派的代表呢！

当责任产生后，就无法恣意妄为了

有点扯太远了，让我把话题拉回来，且说当队长率领着一支废柴部队时，他的目标会是什么呢？这边所提到的废柴部队，各位要代换成废柴公司、废柴部门都可以。

自己的下属全是一群烂泥扶不上墙的废物，每个人都不会乖乖听话，总是想尽办法要浑水摸鱼，同时还各自抱持着与工作无关的目标，譬如“玩耍”“与美女交往”等。

之所以废柴部队的每个成员都会各自拥有目标，是因为他们没有责任需要扛。而当责任产生之后，那些让人无法肆意妄为的目标就会自动出现。在电影当中登场的中层管理人员也一定会找到某个目标，并付诸实践。

譬如各位可以试着回忆起黑泽明电影《生之欲》[11]当中的志村乔。原本他只是一个在市政厅任职，缺乏干劲的男性公务员，但随着罹癌，并知道自己离死不远之后，他开始有做些什么的打算。从这层意思来说，《生之欲》与《机动警察 2》乃是诠释了相同主题。

或许前者是一部任谁看了都会潸然泪下的电影，相较之下，后者则是一部逗趣好笑的动作电影，也或许如此，大家都没有发现，两者的叙事技巧其实并无不同。就连那些被称作职业导演的人也几乎没有察觉，也许这是因为他们并非有意识地接触电影，而是将接触电影当成工作内容的一部分吧！他们与那些想要工作到届龄退休的类型相同。而这类导演的确占压倒性的多数。

若换作是一位想通过电影完成自我实现的导演，就不会抱持这种看法。说到我为何会有《生之欲》与《机动警察 2》相同的看法，是因为我会把每部电影都看成是现实。换言之，我的心中不停追寻着“何谓电影？”这个问题的答案。而将电影看成是现实，与漫不经心地观看，两者能看到的事物将会截然不同。

与此相同，对后藤与忍这两位队长而言，他们所认为的“正义”与身为警察的正义相差甚远。而他们并不将组织的存亡视为目标，因此能够赌上自身部队的存续，一决胜负。他们不将完成组织的目的视为第一优先，而是将以利用组织来自我实现作为目标。

这部电影描述的是“中层管理人员”自我实现的主题，因此我认为社会人士看了绝对会感到很有趣，结果也正如我所料。社会人士对这部电影的反应相当热烈。

电影中的后藤队长就是那种“感觉在他手底下工作或许会很惨，但又感觉很有趣”的上司；或许也有人会再将其职位提高，想着“如果自己的部长、课长是这种人该有多好啊！”

我想在公司当中，也真的会有人抱持着“某某部长这个人虽然会给下属出难题，但是这样子工作起来可真有趣呢”等想法。这是理所当然的事，各位只要想想，是什么理由让工作变得有趣自然就会明白。当自己的技能实际受到测试时，就是当事人会感到有趣的时候。毕竟任谁都希望自己的技能在工作中受到好评。

而后藤队长便是巧妙地夸奖下属的工作技能，借此提升下属的自尊心，并让其工作，同时更让他们帮助自己实现目标。

无论是在工作，还是在正义上，想要实现自己的目标就必须要让他人为自己做事。无法让他人为自己做事，就不可能在这世上有任何建树。唯有“天才”能够仅凭一己之力而有所建树，而身为一介凡人，唯有与他人互相合作才能够完成自我实现。

中层管理人员那种“为了实现自身目标而让他人做事”的做法，正是体现上述内容的存在。

课长在组织当中并没有决定权，也无法体现组织的意志。但却要毫无推诿地扛下责任，同时更要照顾下属。除此之外，管理职也能保留下属的技能，并握有其生杀大权。或许善加活用下属的技能，并顺利完成组织所给出的目标，就可以再继续往上爬，但光是这样也不能说是实现了自己的目标。

以这层含义来说，《机动警察 2》可说是一部在阐述“队长论”的电影，我们也可以把它叫作中层管理人员论，也可以说是导演论。

必须要怎么做，并拟定怎样的战术才能实现某个目标呢？此时并不只是要巧妙欺骗下属供自己驱使就行了，同时当然也包含了“如何与上司对抗”的部分。因此后藤要思考如何与特车二课所属的警备部，以及其上级机关——警视厅，乃至于整个国家对抗。

接下来则是要考虑如何牵引下属走到最后了。单单只是将下属牵引到现场还不够，同时要设法让他们充满干劲才行。

当时的情形若是下属听后藤的命令，那么不只可能会丢了饭碗，一不小心甚至会成为罪犯。但下属仍是说出“即便如此我们还是跟着你干”的话，究竟这位中层管理人员为何能做到这种地步呢？

如果不是没了后路，人类就不会自己动起来

当然了，若是发展到上述地步的过程当中毫无伏笔与任何插曲，那么任谁都无法接受，同时也无法感同身受。即便在观影当下感到热血沸腾，之后也会立刻遗忘。直到现在，只要提及《机动警察》，许多人都会讲到后藤队长，我想这是因为后

藤这位角色在观众的心目中留下了深刻印象。无论是对于和我生在同一世代的老头子，还是对年轻小伙子来说，都是如此。

《机动警察》的故事就是在讲一群适逢其时的人。后藤也并非想要成为机器人部队的小队长，而是在警察这个组织当中恰巧被分派到机器人部队罢了。

而他所想的则是如何在这个部门当中集结下属，并取得预算、“欺骗”高层，借此实践自己的正义等，在过程中当然也会伴随着风险了。

在前面我提到过，人类这种生物都会希望自己的技能受到测试。而测试技能一事，亦即代表须负担风险。我们不可能在毫无风险的情况下，将自己的技能展现给世人看。无论自己的身份是军人、上班族、官员皆是如此。

吉卜力工作室的制片人铃木敏夫正是这种男人，他扎实地背负着风险，借此让世人对自己的技能做出评价。事实上，我就是以小敏作为后藤的原型。再没有人像小敏这样，如此善于使唤他人了。诚如我在第三章《晴空血战史》处所述，这是因为小敏认为，当自己拥有目标时，就可以随意使唤那些没有目标的人。

小敏这个人之所以有趣，是因为他没将自己的目标放在电影上。身为制片人，他的心目中并没有“作品”这个目标。对他来说，“观影人次”才是具有绝对地位的目标，而作品好坏则是放在第二顺序。

我在与他合作《攻壳机动队2：无罪》[12]清楚地了解到这件事。小敏在工作时，并不是为了制作符合自身兴趣、喜好的电影。

因为他是一位制片人，所以目标就只有如何成功取得良好的观影人次。

不过在这过程中，他也会通过导演，或是说通过欺骗、控制导演，借此不时讲出自己想讲的话。有好几部吉卜力工作室推出的电影，其实都是所谓的“铃木敏夫电影”。在我看来，《魔女宅急便》[13]就是其中的典型，那并不是宫崎骏先生的电影。

我想铃木敏夫这个人可能曾经享有等同于德间康快[14]的待遇。因此耳濡目染，做法也变得与对方相同。

生于“二战”后的老头子们，都是在相同的体系下长大成人。当时若要实现自己的目标，就要想办法去利用、指使他人。而若是没有提供一个目标，则没有人会自己去帮忙做事；若不想方设法逼迫对方，同样也不会有任何人想要帮忙做事。或是该说，如果不事先断其后路，那么任谁都不会想跟着自己干。

这群生于战后、被旁人描述得好像怪物一般的老头子们，每个人的做法都大致相同。而我试着让《机动警察》的电影角色较为柔和地展开这种做法，因此在一开始就将后藤描写成一个废柴。他总是漫不经心，做事态度随便，生活习惯邋遢，且随时穿着一双人字拖，与世人所说的“干练男”完全是两个极端。他就是那种“浑浑噩噩”的人。

他原本就不是以当一位“帅气队长”作为出发点，因此反而更有说服力。就像小敏也从未想要表现出自己帅气的一面，反而总是会将自己“笨拙”的一面给展现出来呢！

举例来说，小敏每次都会穿着一双雪駄[15]，他甚至穿着雪駄走过了威尼斯电影节的红毯[16]。他通过这种方式宣扬说“不管去到世界各地，我就是我”。而这也是一种自我营销，透露着“你们就试试看有没有办法阻止我啊”的信息，他可真是了不起。

他完全是故意做出那些奇特言行，同时当然也拥有自己的核心部分。因此除了女人缘之外，他的人缘极佳。而对于不受女性青睐一事，他自己也认为“在工作上被女人喜欢没啥好处”。原本他的尊容就不是那种会受女性欢迎的类型，同时他也明白，若是自己受女性欢迎，在工作上可就不知道要丢失多少好处了。

相信身为男人都会认同，当自己打算完成某件事情时，受女性欢迎一事并不会特别产生什么好处。与其说有附加价值，不如说受女性欢迎一事具有本质上的价值，因此除了一些特种行业之外，这并不会有什么利用价值。

也正因为后藤这个角色是一位其貌不扬的中年大叔，剧情才得以成立。要是出现在普通动画当中的队长，可就个个帅劲逼人了。不仅广受女性欢迎、人缘极佳，同时又强又帅，可说是样样完美。若是换成这种角色，《机动警察》的剧情可就难以成立了。

虽说后藤是这种根本不可能受欢迎的男人，但若他真的存在，各位应该会想试着跟他交朋友吧！因为这种人感觉很有趣，跟他在一起不会感到无聊乏味。但是等到自己回过神来，才会发现自己正被他逼着做一些不得了的事情。我想只要有跟小敏接触过的人都会与我抱持一样的想法。

说到后藤这个人有趣的地方，那就是他明明就为了自我实现，而将整个部队的命运也跟着赌下去，但即便在此时，他仍不会命令自己的下属。这个男人的理念就是“不下命令，也不强人所难”，而他的另一个理念则是“大家一起变幸福吧”。

而后藤身为中层管理人员，最为优秀的地方就是他够狡猾。明明开口闭口都说什么“我不喜欢命令人或是强迫人”，结果却根本不给队员其他选项。也就是说，他是在切断队员的后路之后，才提出有所谓选择的自由。

电影导演也是如此。如果用“凡事以工作为重”的说辞来强逼别人进行一些艰难或是不合理的工作，那么任谁都会感到厌恶，甚至反弹。

但是此时若是以“要做不做随便你，但这会对你的生活方式造成什么影响呢？”“你身为技术人员，对于不做这件事是怎么想的呢？”这类说话方式来询问对方时，相信对方一定会被激出自尊心。也就是说，任谁都有想要展现出骨气的本能。

必要条件乃是在组织内部拥有专属的信息来源

每个社会人士都会希望自己通过工作掌握的技能受到好评。如果没有上述念头，可就不是一个社会人士了。社会人士之所以会是一个社会人士，理由在于他们拥有想让自己的技能受到世人好评的欲望。而高中生以及年轻人也都拥有这种“想要得到认同”的欲望。但是事实上几乎所有高中生都没有任何技能，除了运动球员等极其少数的例外。

也正因为是在出社会之后自行掌握的技能，当然会有想要获得世人认同、大受好评的愿望，甚至应该说，若没有上述愿望则称不上是一位社会人士。即便是那种没有打算工作到届龄退休的人，或是明知道自己只是一个“可以随时被他人取代的角色”时，也不会想要承认。

后藤的言行恰恰相反。的确他没命令或强迫队员，但他确实将队员给逼至走投无路，同时也不给他们选项，借此让队员亲口提出要揽下那些“身为下属其实并不需要做的事”。在队员做出回复之前，其实早已决定好他们会答应了。而为了让事情如此发展，后藤也在事前努力做了许多布局。

为此，在组织当中建立起仅属于自己的信息来源乃是必要条件，此外也务必要找到能代替自己工作的人。譬如后藤就有一位名为松井的朋友在搜查课担任刑警。这是一位完美的刑警，能够介入任何事件。而后藤就利用了他的这个特点，当他本人察觉时，已经被迫进行不得了的事情了。譬如以油压剪将铁丝网剪断后，潜入建筑物中，进而被迫犯罪。而在展开上述行为时，他总会一边嘀咕说：“为什么我要做这种事情呢？”

大致上，松井在之前就已经被后藤给说服了，只是比起说服，那更像是被逼迫。“再这样下去，可是会发生不得了的事情啊！一旦自卫队出动，也就代表警察一败涂地了。身为警察的你觉得这样子好吗？如果你觉得没差，那我也不干了。”而听完这种话，松井当然不可能说“那就别干了”。

松井完全是个工作狂。像这类工作狂听到别人对自己说“你其实不干也没差喔”之类的话时，绝对会按捺不住。

动画师亦然。当我对他们说“画到这样就好了吧？”时，他们绝对不会就此罢手，而是会跟我说“我还要继续画”。如果提出“画到这样就可以了，快点交件吧”的要求，马上就交件的家伙，大多不会是什么像样的动画师。当然啦，以导演的角度看来，动画师在这时候交件也没有问题。就看动画师会不会在意“被周遭认为是一位只为赚钱而画图的家伙，完全没有作为动画师的骨气”这件事。

所谓职人，或者大多数技术人员，他们大多不看重所谓的上下关系，而是只看横向关系。因此他们会去在意伙伴、同业等同为职人的人们对自己的看法，这就是他们的价值观。比起导演，或是上司对自己的评价，他们会更加在意同业对自己的评价。

拥有技术的人会想要凭借自身技术完成自我实现。他们代表着那些想以高超技术获得世人认同的人。无论是警察，还是自卫队员皆是如此。因此当有人对他们说“做到这里就好了，你不要再去管这个事件了”时，没有一部警察片的主人公真的会就此收手。他们绝对都会反驳说：“这个事件是我负责的！”

“由自己负责”完全是当事人的自以为是，而事实上，当抱持着类似的自以为是想法时，就上了后藤这种人的当。

原本那些与LABOR无关的事件，也就与特车二课无关，更何况他们隶属于无搜查权的警备部。

除此之外，对方更是伪装成自卫队政变部队的恐怖集团。所使用的兵器也不是LABOR，而是战车及直升机之类。照理来说，身为主角的特车二课理应认为“这次没有我们出场的份”才对。如果片中真的出现LABOR与战车对干的场景，LABOR瞬间就会被摧毁。在设定上，LABOR的装甲以FRP（Fiber Glass Reinforced Plastics，纤维强化高分子复合材料）作为材料，此外再也没多余的装甲，因此五秒钟就会被战车给搞定。毕竟在武器的等级上截然不同啊！

当然啦，事情也有可能朝“现在的状况可真棘手啊，那有没有什么地方能让我们特车二课帮上忙呢？”的方向发展，而导演则必须将情形诱导至其他方向才行。那么该如何是好呢？

电影中并没有任何人要特车二课正面和拥有自卫队武器的军队硬干，目标只可说是要“逮捕犯人”，同时要击溃逮捕犯人时的阻碍。因为这是一部电影，因此我将情形诱导至该方向。

双方也在地下道展开了决战，我只将特车二课的对手设定为一座移动炮台，而不是 LABOR。如果 LABOR 已经事先等在地下道了，可就没有任何人会去了。

在初期的信息战，后藤打了一场胜仗，因此之后能够与对方一决胜负。他能够无所谓地赌上自身所属部队的命运，以及下属的命。但这并不代表他会全凭自身喜好介入其他人的人生，他所做的都是在自己能够确实负起责任的范围。

假如赌输了，下属或许会被警视厅开除，但他们本来就是一群被开除也无所谓的家伙，第二小队的队员们全都是些完全不可能以警察的身份去自我实现的人。他们各自的目标都相当自私，包括“想要尝尝开枪的滋味”“想要玩玩机械”等等。

也就是说，最为重要的技巧在于做到善用信息力，同时不强制执行命令，不给下属其他选项，借此逼迫下属。而另一项重要技巧则是“最后要由自己扛起责任”。这是理所当然的事，如果只赌上下属的职位，没有同时赌上自己的职位，那么任谁都不会为自己工作。后藤在电影中也赌上了自己的职位。

他干的事情已经不只会被开除警察职位，严重程度已经会让自己成为一名罪犯。譬如他在警用电梯当中大闹，殴打一位长得像猩猩的大块头，这时候他就已经成为一名罪犯了。也正因为下属们知道后藤自己也做到这种程度，才会全都义无反顾地对他施以援手。

后藤的行为也对下属们形成了一种无声的压力，毕竟队长都做到这种地步了，你们还不跟着干吗？如果有某个队员想要独逃，那他就会是一个最差劲的家伙，平常总是讲些任性的话，可是一旦有危险就什么都不干。当然啰，若是直接挑明，反而会让对方逃走；因此要先让对方置身于某种状况下。

在发生政变时，特车二课那保管有LABOR的货柜车最先受到袭击，后藤也知道这意味着特车二课遭到攻击了。而虽说心中清楚，后藤却仍对此置之不理。这是因为后藤也在利用这个行为，借此令下属产生“自家都被射成蜂窝了，你这身为队长的人还要沉默不语吗？”的心理，进而逼迫下属。而虽说此时后藤默不作声，但仍迅速地将LABOR移动至其他场所避难。

后藤并不需要此时的特车二课。讲到特车二课的实在核心，并不是那台货柜车与新型LABOR，而是那些到最后一刻仍未逃跑的家伙，他们会是后藤的战力、棋子、下属。后藤曾经说过“虽说二课分崩离析，但仍保有战力”，或许更该说，为了让这群家伙形成战力，就必须先将二课逼迫至分崩离析的地步。

而不给予下属们选项也正是这回事。假如那台货柜车完好无缺，这群下属最后就只会做出“那我们就静观其变吧”的决定。而在货柜车消失不见，新型LABOR被轰成蜂窝，队长更是变成通缉犯时，情势就能够逼迫下属做出“那你们要怎么做？”的抉择。

是否掌握有中层管理人员的精髓，就看能否通过上述做法，在不命令以及强迫下属的前提下，创造出让下属能心悦诚服地实现自身想法的条件。即便下属在过程当中吃尽苦头，只要最后的结果是好的，仍旧能让下属欣然接受。我想那些与我携手制作动画的工作人员，在最后也会产生上述反应。只是其中有一半是再也不会来了（笑）。

1. 后藤喜一
电影中特车二课第二小队的队长。工作风格曾经异常干练，一度被人称为“剃刀后藤”。但现在却是一位浑浑噩噩的无力中年男子（装出来的）。

2. 南云忍
与后藤喜一同属特车二课，曾任第一小队的队长，之后在《机动警察 2》当中升任为课长代理，为特车二课的实际负责人。

3. 98 式
《机动警察》系列登场的主要机动警察角色之一，正式名称为“筱原重工 98AV”（Advanced Vehicle）。

4.《装甲骑兵 Votoms》
于 1983 年至 1984 年播出的日本电视动画。一共有 52 集。原作、导演：高桥良辅，主演（配音）：乡田穗积、弥永和子等。时值为期 100 年的宇宙战争末期，士兵齐里古·丘比发现了一名被称为素体的谜样女性，并在一连串的战斗之中，逐渐发现自己出生的秘密。

5. 第一部 OVA
首次以原创录像带动画的形式推出了六集《机动警察 PATLABOR》的动画作品（之后又追加了第七集）。

6. 电视动画系列
由于初期的 OVA 以及剧场版备受好评，因此得以制作电视系列。只是电视系列与 OVA 以及剧场版之间并无关联。而押井导演也以编剧的身份加入制作。

7. 第一部剧场版
于 1989 年上映的日本动画电影。导演：押井守，编剧：伊藤和典，主演（配音）：古川登志夫、富永美伊奈、大林隆介等。电影中描述努力追查被植入 LABOR 操作系统的计算机病毒的特车二课第二小队活跃的英姿。

8. 计算机病毒
《机动警察 1》上映时计算机的普及率极低，人们几乎都没对计算机病毒的存在抱有认知。所以在当时，以 LABOR 这种工作机当中安装有操作系统，而操作系统当中又被植入计算机病毒的设定可说是划时代的设定。

9.LABOR
用于工程建筑领域的大型机器人被称为 LABOR。被广泛使用后，LABOR 犯罪案件也频频发生，"特车二课"即为专门打击 LABOR 犯罪的警务部门，这种警队专用的巡逻警用机器人（PATROL-LABOR）被称为 PATLABOR。

10. 特车二课
官方正式名称为"警视厅警备部特科（特殊）车辆二课"，通称"特车二课"。虽说为警视厅警备部直辖部队，但却设址于陆上孤岛——13 号填海造地地区，被调派至此部队可说是带有一种"流放边疆"的意味。

11.《生之欲》
于 1952 年上映的日本电影。导演：黑泽明，编剧：黑泽明、桥本忍、小国英雄，主演：志村乔、金子信雄、小田切美善等。电影描述只有勤奋这个优点的市政厅课长，在被医师宣判罹患胃癌之后，尽全力将所剩性命活得精彩的故事。

12.《攻壳机动队 2：无罪》
于 2004 年上映的日本动画电影。导演、编剧：押井守，主演（配音）：大冢明夫、山寺宏一、竹中直人等。电影中描述公安九课的人造人巴特在追查少女型玩具用机械人突然暴走，并将主人杀害的事件。巴特将纠葛于人类与机械之间的关系，同时追近事件真相。

13.《魔女宅急便》
于 1989 年上映的日本电影。导演、编剧：宫崎骏，主演（配音）：高山南、佐久间玲等。电影描绘身为魔女的琪琪，为了修行而离家前往大都市旅行，并在帮助周遭人们的过程当中，逐渐自立的姿态。

14. 德间康快（1921—2000）
日本实业家、制片人。原本任职于读卖新闻，后转任朝日综艺新闻，并将该公司更名为德间书店。自 20 世纪 70 年代后期开始担任电影制片人。

15. 雪馱
一种日式屐鞋。——译者注

16. 穿着雪馱走过了威尼斯电影节的红毯
发生于 2006 年第 63 届威尼斯国际电影节《立食师列传》上映时的趣事。顺带一提，押井导演当时则是穿着运动鞋走过了那片红毯。

“想做的事”
就是
“不会腻的事”

当老二最舒服

5

时值东西方冷战时期，英国情报局“圆场”（Circus）领导人——老总（Control）掌握到情报，得知圆场干部当中被安插了KGB代号为“地鼠”的双重间谍。某匈牙利将军对圆场提出了协助其逃亡国外的请求，他将以“地鼠”作为交换。于是老总便派出探员前往匈牙利首都——布达佩斯。

但这却是KGB所设下的圈套，作战以失败告终。老总与其左右手史迈利也因此引咎离职。经过一段时间，内阁办公室谍报总监拉康找到正在过着退休生活的史迈利，授予其机密任务，在剩余四名干部中，找出潜伏的“地鼠”。史迈利将以数量庞大的记录以及相关人士的证言为基础，逐渐揪出嫌疑人。

在这部作品当中，登场角色看似稀松平常的所作所为，以及没什么特别的场景，全都隐藏着某种含义以及伏笔，只看一次甚至会令人摸不着头绪。日本在上映时还提供过所谓的“回锅者优惠”（在第二次观影时出示优惠券，票价可以享有折扣）。

《锅匠，裁缝，士兵，间谍》

（*Tinker Tailor Soldier Spy*）

英国、法国、德国联合制作，
于2011年上映的电影。
导演：托马斯·阿尔弗莱德森
编剧：布里奇·奥康纳、
彼得·斯特劳恩
主演：加里·奥德曼、
科林·弗思、
汤姆·哈迪等。

我听说最近有越来越多人表示“我对出人头地跟赚大钱没什么兴趣。只要能够与家人以及老家的亲朋好友相处融洽就好了。”但是说到身为一名电影导演，这种“胸无大志”的想法是否能作为胜利条件，我想答案会是否定的。

在前言我曾经提到过“并非前往好莱坞拍过片就算是胜利”。虽说如此，我也不希望各位把这误解成“不要抱持前往好莱坞拍片那种愚蠢的野心，只要留在日本，拍些符合自身水准，能够深入人心的电影就好了”，否则我可是会很困扰的。若是将“不要前往好莱坞拍片”本身视为目的，则整件事情的意思将全然变调。我想要说的是，之所以会当上导演，不就是因为想要拍自己喜欢的电影吗？

因此无论是身在日本，还是好莱坞，重要的是拍摄自己喜欢的电影。如果自己喜欢的电影要花上一百亿日元才能拍摄，那么就算要跑去好莱坞也没关系。而对我来说，则是以不管制作费高达一百亿日元，还是只有一百万日元，都要以相同的标准去拍摄电影作为理想。

不过身为导演，到头来还是只能静待别人提出合作邀约。当别人问我说“你想拍这部片吗？”时，想拍就回答他说“想”。所谓导演就是这么一回事。而此时的重点在于，对方是否能够接受我的任性要求，让我拍摄自己喜欢的电影。如果对方不能接受我拍摄自己喜欢的电影时，即便制作费高达一百亿日元我也会拒绝，这就是我的想法。而这部分很容易招致误解呢。

在我拍摄自己的第一部真人电影《红色眼镜》[1]时，宫崎骏先生曾经跟我说："明明动画导演只要拍一辈子动画就行了，为什么你还要涉足真人电影呢？结果你也是露出自己身为电影青年的真面目罢了。你应该觉得真人电影比动画要了不起吧？你是不是傻瓜啊？"

但是在我看来，这可是个天大的误会，我因为这件事与他吵了不少次架。动画导演只拍动画，这跟所谓的"恪守本分"存在着本质上的差异。

基本上，做自己想做的事情并没有错。但重要的是"想做的事情内容"，亦即对当事人来说的胜利条件。因此各位也可以深入思考自己的胜利条件为何。譬如身为一名电影导演，胜利条件究竟会是与女演员结婚、存下数以亿计的金钱、住宽敞的豪宅，还是尽可能有更多作品问世呢？

实际想来，我不由得觉得，是否有许多人连自己想做什么事都搞不清楚，更罔论找到人生的胜利条件了。举例来说，有时会看到那种大量服用营养品，希望自己能常保健康的人，照家姐的话来讲，这些人都是因为"在人生中只有'生存'这个目标，才会变得如此"。他们似乎认为只要每天照做一样的事情就好了。

这种情形不仅限于年轻人，上一世代的人同样如此。由于任谁都无法明确地指出自己在国家当中的定位，以及人生价值等，因此就只有“明天与今天一样照常到来”这个目标。在现在这个世道，人生的主题是否就只有生存呢？相信过去也曾有过荣耀，乃至于许多看似更为无聊的主题呢。

譬如家姐的职业是舞蹈家，她就将“死亡”一事视为主题。她的原话就是“我虽生犹死。死亡这件事一点都不可怕。某种程度来说，死亡甚至是相当美好的一件事呢！”之所以会害怕死亡，乃是因为没有生活以外的主题。而虽生犹死才是人类正确的样貌，古人有过这种智慧。而现代人除了苟且偷生之外，其实就不再有其他主题，因此才会每天服用大量的营养品，并不时到医院报到。

但“总之就是不要死”这种目标，果然还是定得太低了。我想这类人真要想想，自己究竟要实现什么目标，才能够算毫无悔恨地走完人生。像我，女儿已经结婚了，孙子也已经出生，就生物学的角度而言，我已经结束了自己的使命，因此剩下的人生就可以随便自己高兴啰！

社会人士的技能就是与他人沟通

譬如“总之活着就好”“只要与周遭的亲朋好友过得幸福就好”，这类胜利目标设定得过低，果然还是不太好。我们原本就不应该抱持着通过降低设定条件，来实现某个目标的想法。因为现实并不是这么一回事。

每个人都可以简单地说什么“我只要能与自己喜欢的人共同守护那微小的幸福就好”，但是各位可知道，要在今时今日的日本建立起一个美满家庭，并携手打造微小幸福是多么困难的一件事情啊！

而以这层意思来说，现在市面上也出现了许多降低设定条件的服务呢。

不久之前，男性结婚后向妻子所求的不外乎就是家务与性爱。但是现在只要生活在都市地区，拿得出钱就可以买到家政与性爱服务。而且这既不会产生情感上的麻烦，更无须定期地维护两人关系，抑或是受到这段关系的束缚。考虑到整个人生，哪一种生活方式的总花费会比较低廉呢？想要做爱的欲望顶多就会持续个二三十年罢了。

但是这样子的生活方式是否能够成立呢？对此我感到些许吊诡。当年轻人渐渐找不到工作，因而游手好闲时，所造成的可就不只是性产业的骚动了。如此一来人们就会产生“总之只要能活着就绰绰有余了”的想法，将胜利条件设定至最低，这样子与第三世界并无任何不同。此时日本是否还能够被称作发达国家呢？

诚如在一开始所述，活得符合自身身份这件事并没有错，但是现在却相当难以把握所谓的“自身身份”一事了。这是因为每个人看起来至少都有可能性啊！

说到底，究竟是谁决定了“自身身份”呢？是学校的老师，还是家中的父母呢？最后其实还是自己被迫做出决定，接受过现代教育的人，无论谁都拥有可能性，实现获得成功，进而赚大钱的梦想。大家都会觉得，自己或许拥有某种才能，或许是唱歌、跳舞、画漫画、拍电影、写小说，也或许是玩股票。

另一方面，在这才能的世界当中，若非孜孜矻矻地努力、钻研，最后就无法自我实现，同时我也知道那会是一件相当辛酸的事。一旦讲到“是否有虚掷二三十年人生的觉悟”时，大家总是会畏首畏尾，并在高不成低不就时停下脚步，观察局势。也就在那观察局势的过程当中，时间渐渐被蚕食。

“自我探寻”这件事曾风靡一时，但这也是某种观望。譬如前往印度待个三年，又或者长期旅居海外，借此进行自我探寻。以我的话来说，这不过都是想为自己保留一些余地罢了。这些人只不过是在观望，就连体验都称不上。如果光是为了能以低廉的花费生活，而在外国虚掷光阴，最后别说是学到职业上的技能，就连作为社会人士的技能都将无法掌握。

所谓社会人士的技能，就是要能确实地与他人沟通。唯有长期有正当工作，才能在学才艺的过程当中加以累积，否则将无法建立起沟通技能。虽说如此，建立沟通技能可真是一件“麻烦又累人的事情”。的确，比起努力掌握这种技能，在网络上畅所欲言地发废文着实轻松不少。

无论是将胜利条件的门坎降低还是提高，最后可都不会是条轻松路。结果我所说的“做自己喜欢的事”，其实就是“做自己不会感到厌腻的事”。因此只要找到自己不管做多少都不会感到厌腻的事就行了。就是因为想要找出自己的才能，这才会走错路。

这也是我得以持续从事电影导演的最大理由。虽说对其他事情我全都感到厌腻了，但是我对电影的确不会感到厌腻。或是该说我现在正为了不对电影感到厌腻，而进行着许多努力。而努力的内容之一便是“不去电影院看电影”。这除了是我努力的内容之一，其实也是因为我不看现在的电影。多年来，我在电影方面总是有一套自己的思考标准。

我完全没有所谓“深爱电影”的想法。我之所以会拍电影，只是为了要搞懂“什么是电影”罢了。因此我试着拍过各种不同类型的电影，拍摄真人电影的理由也是如此。为了掌握电影的拍摄手法，以及其本质，我想要尝试各种拍摄方式。也多亏如此，我才能够不感到厌腻地持续拍摄电影到今天。

时至今日，我仍保有拍摄电影的动力。这也是因为我到现在仍对电影不甚了解的缘故。我见过许多电影导演与制片人，其间却发现没有一个人知道“什么是电影”。搞不好在终点处就可以知道电影的真面目了，但是却没有任何人能抵达电影导演的终点。

最后，我只能自己回答自己的问题。当然并不一定是正确答案。电影也是一种技艺，但与科学之间存在着微妙的差异。这是因为电影要有对手（观众）才得以成立。拍电影的时候就是要以讨哪些观众欢喜作为目标。

虽说我为了不要对电影感到厌腻，而决定不前往电影院看电影，但是在前阵子，我仍在睽违许久后前往电影院看了一场电影。那就是《锅匠，裁缝，士兵，间谍》，一部相当有趣的电影呢。

如何当好组织里的老二

故事背景设定在冷战时期，这让我颇感惊讶，为什么现在还要去拍冷战时期题材的电影呢？电影中相当原汁原味地重现了“二战”后的时代模样，无论是车辆、服装、街景。这份努力本身是很不得了，但是我仍感到在意，不知道为何还要在现代拍摄以冷战时期为背景的电影。

我想理由果然还是出在拍片方算准了这部电影会大卖。譬如电影当中有句台词说“过去所有事情都很单纯，现在事情却变得复杂离奇，任谁都无法掌握状况。过去是敌是友可是壁垒分明的”。或许现在的消费者也对敌我分明一事感到厌倦不已了呢。

除此之外，对欧洲诸国而言，总有一种为了因应美国方便而任其差遣的感觉，特别是英国，毫无疑问地更是如此。而这在某种层面，也会刺伤某个现在仍是美国的殖民地国家人民的心灵。

《锅匠，裁缝，士兵，间谍》剧情讲述英国情报部门 MI6[2] 被苏联 KGB[3] 派出的双重间谍盯上。MI6 部分干部主张与美国的 CIA[4] 合作，然而却掉入圈套之中，让双重间谍得以深入 MI6 内部。

电影的内容是关于 MI6 的四名干部中谁是双重间谍，以及主人公如何设局来找出双重间谍的，但导演想阐述的内容难道真的就只有这些吗？如果只有这些，就只能满足悬疑片爱好者的胃口。如果没有某种普遍性，一部电影就不会卖座，甚至根本就不会成立。我们当然也可以单纯地像制作拼图或者游戏一样去拍出一部电影，但这种电影只会受到部分玩家们的喜爱。

那么这部电影的"普遍性"究竟是什么呢？我个人是将这部电影看成是在阐述"该如何当好组织里的老二"。这是一部主人公戏份吃重的电影。

主人公史迈利（加里·奥德曼饰）是前任 MI6 主管的亲信，亦即所谓的副手。当时他的主管误中陷阱而被迫引咎辞职，史迈利也一并被开除。

我对身处某种阶级制度当中的老二饶富兴趣，无论是在历史还是在战争当中。老二可说是最为有趣的位置。常伴高层左右的副手既可以看到高处，也可以看到基层。相较于"该做什么”，副手会是对“非做什么不可”一事最为清楚的角色。

而在动画的世界，我原本就是一个宛若老二的角色。这是因为我与宫崎先生身处同一个时代。多亏有他顶在我的头上，让我不知道轻松多少。多亏有宫崎先生，基本不会有人期待我爬到动画界的巅峰，也不指望我能拍出极为卖座的作品。

从制片人到我老妈总是在问我，“为什么你拍不出跟宫崎先生一样的电影啊？”这是种错误的想法。大家总是希望我变得跟宫崎先生一样，但是二把手可不等于一把手的替代品啊！大家对此都抱持着误解。再譬如说在拍摄现场，副导演也不是导演的替代品啊。

在足球界，主教练的身旁会跟着所谓的助理教练，而只要是对足球稍微有点研究的人，都知道助理教练是有多么重要。而说到助理教练当上主教练之后，是否很有才能，那又是另外一回事了。

所谓老二，既非老大的替代品，也并非备胎。而目标成为老大的人也不会成为老二。

所以说最近这部以老二作为主角的电影是相当罕见的。主人公史迈利事实上几乎不会去主动行事。当他奉命狩猎“地鼠”（双重间谍）时，也是先窝在租金低廉的旅馆当中，并要求对方将相关文件全数带来，借此掌握状况。这同样是在要求他人做事，自己几乎什么都不做。他就只是在听各种情报而已。

简单来说，史迈利打算单单通过“自己开始行动了”这件事，逼出“地鼠”。他并非自己展开行动，而是做出“我已经开始展开行动了唷”的姿态，而后静待对方自行露出破绽。

这也是我经常使用的手段。

我在电影拍摄现场什么都不会做。而演员就会自行展开行动，跑来问我该如何演才好。接下来摄影师来问我要怎么拍；灯光师则会问我该如何打光；副导演则会指出今天一定要拍完某个场景，否则进度就赶不上了，并问我该如何是好。大家都在忙里忙外的，而我却什么事都不会去做。我不会主动要下属做这做那。因为处于被动，反而更容易叫得动人。这样也可以最低限度地控制我的行为，同时判断也就不会出错。

反之，当我主动要求下属“你们应该这么干”的时候，我就会被各种各样的情况扯住后腿，导致完全看不清自己身处的状况。事实上，许多导演都喜欢这么干，因为这样子做会更有成就感。而工作人员也都以为世上的导演全都如此。但是导演之所以会这么干，乃是因为想要获得充分工作过的感受以及成就感罢了。

高桥良辅[5]这位经手过《装甲骑兵 Votoms》等作品的动画导演就是老二的典型。他与高达之父富野（由悠季）[6]同期出道，被称作 SUNRISE[7]“永远的老二”。但也因为如此，高桥良辅得以永保自身行动的自由。在 SUNRISE，做事情最随心所欲的乃是高桥良辅，而非富野由悠季。

当有想要做的企划时，高桥会一股脑儿地通过，别人提的要求也会尽皆照做。不过相对地，其中的轻重拿捏就全凭他自己决定了。譬如他会说“我只会负责编剧的部分”。高桥是一位偷懒的天才，表面上装作很努力工作，事实上只在制作出问题时才会出现。可以说他是一位不怎么去工作的享乐主义者。

我也已经转型成一位享乐主义者了。虽说以前我就只会做自己觉得舒服的事情，但是最近这种想法则变得越发强烈。一方面我年纪也不小了，另一方面就像在前面我也说过，自己已经没有责任了，因此就决定只做自己觉得舒服的事情。我在工作方面既不像鬼神一般严厉，也压根没有过死在电影拍摄现场的想法。但是有我这种倾向的人，总是能够做出最为正确的判断。

这样来看的话，《锅匠，裁缝，士兵，间谍》相当罕见地忠实呈现出这种情形。因为史迈利这个男人其实什么都没有做啊！

1.《红色眼镜》

于 1987 年上映的日本电影。导演：押井守，编剧：伊藤和典、押井守，主演：千叶繁、鹫尾真知子、玄田哲章等。曾为特种部队的男子因拒绝交出武装而逃亡至国外，他将彷徨于现实与梦境交错的世界。此为押井导演的第一部真人电影。

2.MI6

（Military Intelligence Section 6，军情六处）为英国秘密情报局（Secret Intelligence Service，简称 SIS）的旧称。以于英国国外进行谍报活动为主要任务。

3.KGB（Комитет ГосударственнойБезопасности)

苏联国家安全委员会的简称。存在于 1954 年至 1991 年间的苏联情报机构、秘密警察。苏联解体时，其权限亦同时转移给俄罗斯联邦安全局（FSB）。

4.CIA（Central Intelligence Agency）

美国中央情报局的简称，为美国情报机构，负责对外的谍报活动。

5. 高桥良辅（1943—　）

日本动画导演、制片人。待过“虫制作”后，进入 SUNRISE，负责过《装甲骑兵 Votoms》等拟真系机器人动画作品。

6. 富野由悠季（1941—　）

日本动画导演。主要作品为《机动战士高达》（1979）、《传说巨神伊甸王》（1980）等。持续创作以青少年族群为取向的机器人动画作品。

7.SUNRISE

日本的动画制作公司。“虫制作”于 1972 年陷入经营困难，离开“虫制作”独立创业的工作人员们乃是建立 SUNRISE 的核心人物。因推出《机动战士高达》等原创机器人动画作品而广为人知，此外也经手过漫画原作等诸般作品。

怠工才是上班族的终极兵器

史蒂文·斯皮尔伯格的诈术

6

《拯救大兵瑞恩》（*Saving Private Ryan*）

时值第二次世界大战期间的 1944 年，盟军决定发动诺曼底登陆，出兵攻打当时由德国占领的法国。米勒上尉在激战中生还后，收到上级指令，要求他寻找隶属于美军空降师的二等兵——詹姆斯·瑞恩，把他送回到故乡等他的母亲身边。瑞恩的三位兄长都已于战争中捐躯，因此军队高层决定不可以让瑞恩家的所有兄弟都战死沙场。

不过瑞恩二等兵隶属于空降师，该部队已然在空降任务当中因德军地对空炮火而四散，其生死乃至所在地点皆不清楚。高层命令米勒上尉前往被德国占领的法国领土，找到生死未卜的瑞恩二等兵，让他成功归国。面对此等无理的命令，米勒上尉仍是自中队当中拣选出七位士兵，出发执行任务。

小分队在途中遭遇敌人攻击，米勒上尉因此失去了好几位下属，但他们却仍朝向前线迈进。之后得到空降师的援助，而瑞恩二等兵正好也在该部队当中。米勒上尉将其兄长的死讯及返国命令告知瑞恩，但是瑞恩却表示自己不可以留下战友们不管，独自一人回国……

本片获奥斯卡十一项提名，最终获得最佳导演、最佳剪辑、最佳摄影、最佳音效、最佳音效剪辑五项大奖。于票房方面也相当成功。

于 1998 年上映的美国电影。
导演：史蒂文·斯皮尔伯格
编剧：罗伯特·罗戴特
主演：汤姆·汉克斯、马特·达蒙等。

《拯救大兵瑞恩》讲的是关于第二次世界大战西部战线的故事，其中刻画诺曼底登陆作战[1]的场景相当有名。因其拍摄技巧写实，所以在战争题材电影中占有很高的地位。

这支穿越诺曼底两军交战的隆隆炮火，并成功登陆的八人小分队，身负一项特别命令，那就是要“前往前线，将一位名为瑞恩的二等兵带回美国”。虽说高层没有明讲，但意思就是“即便小分队全军覆没，也一定要将瑞恩给带回来”。一切就只是为了一名二等兵。

这位瑞恩二等兵（马特·达蒙饰）乃是瑞恩四兄弟中的小弟，三位兄长都已经战死沙场，因此高层要求小分队一定要将目前尚未死亡的小弟，也就是瑞恩二等兵给带回来。

瑞恩二等兵只是自普通国民中招募的步兵，而既然已经上到战场，每位士兵的价值都应该是相同的。以大众价值观来看，无论士兵原本的身份是富人，还是农民，都应该获得平等对待。

但另一方面，站在国家的立场来看，可没办法向瑞恩的母亲给出“四位兄弟都已经为国捐躯了”的消息。其中自然也有政治方面的考虑，而且说到底，美国的国策[2]便是如此，国民有义务要向国家鞠躬尽瘁。但这项义务也有一定限度，国民无须向国家献上自己的全部。

假若四位兄弟都战死沙场，那么这位母亲就可说是向国家献上自己的全部，这可与美国的国策不符。而美军的传统则是绝对不放弃任何一位国民，即便已遭敌军俘虏，也一定会将之夺回；即便已成为一具死尸，也一定要收回。无论在这当中必须付出多少牺牲。

在越战、波斯湾战争、伊拉克战争、阿富汗战争当中，美军都是这么做的，为此美军甚至打造了专门的部队。当然啦，也不是每次都会成功，不过国民既然知道国家肯为自己做到这种地步，也就全都会履行自己身为国民的义务。两者之间已经建立起上述关系了。

但是瑞恩二等兵的情况却已经超出了这种公共领域了。我有点自以为是地想过，就是因为这次任务具有私人的含义，代表着特殊的个人，因此才取片名为“Private Ryan”。但是“Private Ryan”直接照翻，似乎就是“瑞恩二等兵”的意思呢。

美国是建立在“自由与平等”原则上的国家。就政治角度来讲，每位国民都具有公民权，相对地，男性国民在当时也都有服兵役的义务。当然还有纳税的义务。

国民只要尽到自己的义务，那么国家就会保障其自由与平等的权利。这便是民主主义的本质。

因此拿破仑的国民军[3]即便战死几万人，仍旧能动员士兵。我常常说“民主主义让战争变得巨大”，与其说是民主主义在作祟，更应该说民族国家是以民主主义这种政治信念立国，因此能够无限量地动员士兵。自从进入民主主义的时代之后，死于战争的士兵人数足足增加了两位数。

而美国在商业中也是奉“自由与平等”为圭臬，在商场上的竞争全然“自由”，因此败者无论处境如何悲惨也没办法去抱怨。另一方面，在政治上则要全然“平等”。这便是美国擅长的“两个民主之轮”。而本次的主题，则是落在自由与平等这两个轮子是否有以相同力道旋转。

如果两个轮子的直径完全相同，那么车辆就会笔直地向前而去，大致上都是因为某个轮子较小，因此车辆才会一下子跑到这，一下子跑到那，四处飘移不定。我认为这就是美国这个国家的本质。美国的自由与平等其实形同虚设，这两个轮子可没有整齐一致地旋转呢！

而《拯救大兵瑞恩》就锐利地刺进这个议题。明明在战场上，每位士兵的性命都该尽皆平等，但是在事实上，每位士兵的性命并不平等。而如果断定每位士兵的性命都不平等，那么美国的国策就会无法成立。

斯皮尔伯格选择了最容易被理解的“景象”

由汤姆·汉克斯饰演的米勒上尉，他接到命令担任营救瑞恩小分队的队长，因此深感烦恼。难道要为了救出区区一位二等兵，而非得冒着赔上自己整支小分队性命的风险吗？完成高层所赋予的任务固然重要，但是带领下属们生还同样也是他的重要任务。当然，他自己也想要活着回家。但必须完成上级赋予的任务，米勒上尉就像是一块夹心饼干。

如此苦心孤诣，并付出数人战死沙场的代价之后，这支小分队终于抵达前线，并找到了瑞恩二等兵，没想到他却表示“我不要回家”。

或许各位会想说，你就乖乖回家不就好了吗？但瑞恩是一位刚正不阿的美国青年，在道义上，他无法允许自己在战友们赌命奋战时，独自一人脱离战线，返回母亲的身边。他顽抗米勒上尉要将自己带回的要求，欲与伙伴们并肩作战至最后一刻。

瑞恩正身处战斗的最前线，眼前已有一支德军的师团逼近。敌军甚至在战场上投入了虎式坦克[4]，打算突破此处防线，情况可说是一触即发。在此状态之下，米勒上尉不可能厚颜无耻地说出“事情就是这么一回事，我要奉命把这家伙带回去，我的小分队也会跟着一起撤退。那么接下来就麻烦你们了”之类的话。

在前线的士兵看来，这支小队是前来增援的帮手，但若连忙都没帮上，反而还来挖他们墙脚，那事情可就糟糕透顶了。如此一来，前线一定会土崩瓦解，在场士兵也毫无疑问地会全军覆没。但是由于没有接获撤退命令，众人即便不能做到死守，也只能努力固守防线，除此之外别无他法。

在必败无疑的状况下，该如何做出判断呢？这部电影的主题其实就是在阐述对于米勒上尉来说，最优先的选择是什么。

在数个相互对立的选择当中，究竟该优先解决哪一个呢？以这层意思来看，毫无疑问这是部以米勒上尉作为主人公的电影，和瑞恩二等兵早就没什么关系了。

但相当值得玩味的是，年迈的瑞恩二等兵出现在了这部电影的开头与结尾部分。也就是说，观众早就知道瑞恩二等兵最后成功生还了。这就是斯皮尔伯格最高明的诈术。

在诸般不合理与纠葛当中，米勒上尉既要想办法在组织里保住自己与下属的性命，同时还要设法完成高层所赋予的任务。

无论最终是成功说服瑞恩二等兵，带着他一起回国；还是与瑞恩二等兵在内的全员一起壮烈牺牲，不管走向哪种结局，都不会成为一部能够在票房上取得极大成功的巨作。因为其中缺乏“感动”二字。

事实上，米勒上尉最后没能够说服瑞恩二等兵。当然若是身处真正的战场，也是可以将瑞恩二等兵给打晕后，装进尸袋拉回家；但是身为电影主人公，却无法采取这种行动。而要说动瑞恩二等兵就更加不可能了。如果瑞恩二等兵成功被说服，并从善如流地表示“我知道了，我跟你们一起回美国”，这种完全没有丝毫纠葛的故事怎么可能被拍成战争电影呢？

因此米勒上尉选择与前线部队并肩作战，战斗到最后，大家一起回家。以电影来说，这是一条最为妥当的路线了。若不这样做，这部电影在各种意义上就都无法成立。选择这条路线是斯皮尔伯格优秀的地方，同时也是他狡诈的地方。作为商业电影导演，他具有超群的电影嗅觉。

在接下来的部分，《拯救大兵瑞恩》突然转为一部动作电影。由于众人手边几乎已是弹药用罄，因此米勒上尉便绞尽脑汁，命众人脱下袜子，并在其中装填火药，用土法制作手榴弹。由于在战斗的过程当中，可能会有友军赶来支持，因此米勒上尉的战略就是一个字“黏”。他设下陷阱、制作路障、配置狙击手、将下属配置在深具效果的位置等等。

说到这些作战方法是否真的能够有效，着实也相当微妙。毕竟敌军就连虎式坦克都开过来了，这支已然千疮百孔的部队怎么可能敌得过。虽说如此，部队仍是奋战不懈，因为这是一部电影。

虽说奋战不懈，部队最后仍是无法固守作为战略据点的桥梁，在撤退时为了要让敌军无法跟着渡过，众人便决定要将桥梁炸毁。但是因为虎式坦克的炮击，用于炸毁桥梁的点火装置也给轰飞了，米勒上尉将装置捡起并再次摆放好之后，就被德军击中了。面对迫近眼前的虎式坦克，米勒上尉徒劳无功地向着战车开枪。就在此时，针对战车的轰炸机飞来，将虎式坦克炸毁。

在弥留之际，米勒上尉对瑞恩二等兵说：“别虚度光阴，要好好活下去”，语毕就与世长辞。我想他是要告诉对方“你要活出一段更好的人生，这是你要向为了救你而死去的士兵们尽的义务。你要活着回去，并活出一段有意义的人生！”

然后场景切换，时光飞逝，老人正在米勒上尉的坟前祭拜，其身后则站着瑞恩家族。在这瞬间，大家都明白瑞恩活出了一段更好的人生。

但是我在想，所谓“活出一段更好的人生”，真的只是娶到一位很棒的伴侣，然后儿孙满堂，就足够了吗？明明也会有其他种“更好的人生”，譬如成为一位政治家，为了美国社会鞠躬尽瘁，又或是当上警察或是消防员等等。

简单来说，斯皮尔伯格在拍摄电影时选择了最容易理解的“景象”，子孙繁盛，观众只要看到这副景象，无须说明就能够理解，因此也是作为电影最容易被接受的做法。这也是斯皮尔伯格会是一位非凡电影人的原因所在。

但也正因为如此，他所拍的人权电影一定都会成为所谓的“借口电影”。特别是在《辛德勒的名单》[5]中，他的叙事角度明显有所偏差，我想这也是因为他是犹太裔。当然啦，为少数族裔而拍的《紫色》[6]也是如此。

米勒上尉是为了“感动”而牺牲性命

斯皮尔伯格的作品大致可以分为两大系统。一种是以《E.T.外星人》[7]、《夺宝奇兵》系列[8]等为代表的娱乐电影。他也多以儿童为其主题，尤其最近特别偏好于拍摄儿童电影。而另一个系统则可以称作为人权电影，战争电影亦可被归类于其范畴当中。这是他有趣的地方，也是一种诈术。

照理来说，战争电影通常都被归类为娱乐电影，而斯皮尔伯格却在拍摄较难获奖的人权电影时，在其中带入战争的情境。之所以会这么做，是因为他是犹太裔的缘故。这是我们在思考美国导演时的必要条件。相当明显地，除了导演之外，当发现制片人是犹太裔的时候，那么他在制作上就会有某种政治偏见，如此想准没错。

原本好莱坞就是犹太人一手创造的业界，或说是业种。譬如不时会有题材非常沉重的电影获得奥斯卡金像奖。然后大家夸赞好莱坞有良心，但事实上这种讲法是错的，那并不是什么良心，只是因为想要在其中隐藏政治偏见罢了。好莱坞被世人誉为娱乐王国，但事实上，那却是一个由政治立场所形成的业界。

从过去开始，好莱坞的导演就多为少数族裔，自战前就是由一群亡命者们一手去打造好莱坞的历史。当然导演们在其母国遭受纳粹迫害也是人才外流至好莱坞的原因之一，但事实上，在这些导演受到纳粹迫害之前，好莱坞其实就已经有过将德国电影界的新星以及知名导演一并挖脚走的行为。这是电影世界首次发生大规模的人才外流。只要去查阅电影史，一定就能找到这段过往。

这也是斯皮尔伯格非要在人权电影的框架内制作战争电影

的理由。除了自己身为犹太裔之外，也是为了向观影人阐述某种政治偏见，同时不断追求作品作为商业电影的成功，因此他才要去活用战争。

今时今日，导演以商业上的成功作为目标也是在所难免，但是这样也就没有办法像奥尔德里奇一样拍出一部富含哲学意味的战争电影。

为了要获得商业上的成功，斯皮尔伯格一定会在战争电影当中放入“感动”的元素。而为了放入感动，他也一定会要些手段。在我来说，他所要的这些手段会毁掉整部电影。但也托这些手段的福，观众深受感动，作为商业电影可说是大获成功。

像我是坚决不会在电影当中附赠感动元素的，但我也曾经做过在电影当中附赠感动元素的行为。

在《机动警察》系列的第一部电影《机动警察 1》中，我在结尾处放入游马与野明相互拥抱的戏，二人大喊“太棒了！太棒了！”，最后游马抱着野明转圈的片段。这根本就像是宫崎骏先生的电影一般，还记得那时我边切着分格，边羞红了脸呢！

野明猛烈击发散弹枪，借此让对方的 LABOR 停止之后，满身大汗，大口喘气、筋疲力尽时，远方飞来的直升机映入她的眼帘。原本我应该要让电影在这里结束才对，因为这样就已足够。动作电影就应该结束在主角挥汗流血，并筋疲力尽的地方，而不需要之后的欢庆场景。

在斯皮尔伯格的战争电影当中，每位角色都极富个性，动作场面也令人惊艳不已，相信有许多人观影后都会深受感动，尽皆带着极其满足的心情回家吧？但是各位可不要被电影的外观以及类型给骗了啊！

至少我看完《拯救大兵瑞恩》这部片可没有感到满足，而是有一种“这家伙又搞这出了”的感觉。就连 BIG SHOT 的纳富贵久男[9]也清楚地表示：“那部电影对外宣称是社会派，其实只是部单纯的动作电影。因为那是好莱坞啊。”

斯皮尔伯格殚精竭智地思考，以期用他那“单纯的动作电影”欺骗观影人，让大家觉得那是一部“社会派电影”并大为感动。因此他在设定当中藏有一些偏见。

譬如只要将出现在开头以及结尾处的扫墓场景给剪掉，各位自然就会明白了。这样子《拯救大兵瑞恩》就会变成截然不同的一部电影。这样来看，斯皮尔伯格的电影拍得或许让观影人乍看之下无法掌握其真意，但是会懂的人就是会懂。

一般的观众都无法察觉这件事。当观众看到扫墓场景时，应该都会觉得瑞恩二等兵之所以可以存活，并交到好的人生伴侣、生儿育女、子孙满堂等等，全都是因为有米勒上尉牺牲自身性命拯救他的缘故。但这却是大错特错。

斯皮尔伯格认为一部电影要具备娱乐性的痛快感与社会派题材的感动这两个轮子，因此才放入扫墓的场景。也因为这两个轮子旋转顺畅，《拯救大兵瑞恩》才能够夺得奥斯卡金像奖，并且在票房上取得成功，甚至被世人誉为战争电影的杰作。或许各位会觉得“这样不就没什么好抱怨的吗？”但是在我来说，这却是个天大的错误。

这部电影存在着两个轮子，分别是“懂的人懂就够了”之轮，以及“为了感动而彻底蒙骗观众”之轮。而在我来说，这两个轮子不会同时旋转。因此只能以米勒上尉的性命作为代替了。

也就是说，当他付出性命，两个主题才得以同时成立。因为米勒上尉死掉，能够让瑞恩二等兵活着回家，任务因而成功完成，就连下属也无须全军覆没了。而观众也对此深受感动。但是我却不由得疑惑，这真的是你（米勒上尉以及斯皮尔伯格）想做的事情吗？

接下来就涉及所谓“电影的谎言”了。在我来说，这种谎言分为两类，一种是“可以有意图撒的谎”，另一种则是“不可以再跨线的谎”。在电影当中，米勒上尉作为主角，他以具有说服力的形式整理归纳了自身的情感纠葛。但是这却不可能在现实发生，因为这若是现实，米勒上尉毫无疑问地会设法说服瑞恩二等兵，并带着他一起返国才对。只是这样可就没有“感动”可言了。

“努力过后还是不行”乃是唯一正解

如果换作是奥尔德里奇，不知道他会如何为这部电影收尾呢？我在心中有个选项，而他恐怕绝对会如此选择。

奥尔德里奇不会让米勒上尉强行将瑞恩带回，但是瑞恩本人与其母亲却都可以接受。当然美国陆军和美国政府也都能接受。奥尔德里奇所拍摄的会是一种所有人都能够接受的解决方法。

给个提示，命令方其实也未必期待米勒上尉能成功完成该命令，重要的是他们已经发出该命令的事实。

我想这是一个日本人最容易理解的结论。虽说美国大概也是相同，但是此手段却对日本人特别有效。如果各位无法想到此方法，就铁定会在组织中被榨干利用到崩溃吧。既无法守护自己的下属，更无法平安无事地工作到届龄退休。

解决方法就是在诺曼底登陆之后，前往最前线的过程当中躺下睡觉。只要通过怠工来争取时间，最后再向高层表示“我们努力过后还是不行”就好了。相信奥尔德里奇就一定会这么做才对。之所以会这样想，是因为我看过大量奥尔德里奇导演的电影，同时也看过许多像好莱坞那种隐藏政治偏见的电影。

相信米勒上尉当时还不知道前线的状况如何，但是至少能想象到那会是一个发生激战的地区。士兵之间不可能不互相交换情报，而德军也已经开始反扑。事实上，当米勒上尉一行人抵达前线时，也已经有好几位下属不幸丧命。

因此只要慢慢地移动至前线，并向高层报告“我们抵达前线时瑞恩二等兵已经死亡了，其所属部队也已经全员捐躯沙场”就行了。

诚如我方才所写，命令方也未必要求米勒上尉一定要完成命令。军方只是想要对国民有个借口，内容就是“你们看，我们有好好守护国策，并且发出这道命令唷！”

军方对某支部队发出了要排除万难，不畏牺牲地带回瑞恩二等兵的救援命令。但军方原本应该对士兵一视同仁，因此这是一道军方不该发出的命令。而军方甘冒此等禁忌也要发出命令，实际上则是要求这支救援部队付出牺牲。

但这是一场战争，其中自然会有数之不尽的不可预测的事态。即便付出牺牲也无法完成任务的情况，一点都不奇怪。或许米勒上尉是位身经百战的勇士，但是他可不是“美国队长”（Captain America），总有力所难及的地方啊！

虽说电影拍成这样不知道会如何，但是通过上述的解决方法，便可让那“是否该为了救出一位二等兵，而牺牲自己小分队的所有二等兵？”的正义得以成立。“怠工”就是在现场最具效果的抵抗战术之一。不仅具有用来抵抗的正当名义，也具有正义性。因此怠工是种可行的战术。

米勒上尉等人并非待在安全的地方露营、吃饭、睡到四脚朝天等等。移动至前线的过程当中小分队可是单独行动，没有任何外来支持，因此本身就须负担极大风险。事实上，米勒上尉等人在抵达前线的过程当中也付出了数条人命，他们同样也付出了该付出的风险。进一步说，瑞恩二等兵早就死在当地的可能性也相当之高。

对我来说，这种做法是唯一的正确对策。如此一来瑞恩也无须背叛战友，得以并肩作战至最后一刻；而其母亲也只能够接受了。毕竟就为了救出瑞恩二等兵，军方可是特地编列了一支部队送至前线，甚至有人因此战死了呢！

当然，陆军司令部及美国政府也已经做出了最大限度的努力了。再怎么样也不可能派出一整支战车部队啊！恐怕米勒上尉的下属对这种做法也能够接受。毕竟他们一开始可是将自身反感表露无遗地指出："为什么我们要为了区区一个二等兵拼命啊？士兵不都是平等的吗？"因此任谁都没办法再去抱怨了。

相较于斯皮尔伯格版本，这种版本的结局或许会稍显苦闷，但仍带有一定的感动。由于无法拍出"瑞恩二等兵顺利生还，子孙延绵"的结局，因此最后只能是他那年迈的母亲落寞地前去扫墓，并为电影画下终点。美国在"二战"前也曾经有过这种电影。

我个人脑海中的《拯救大兵瑞恩》应该就是这样的一部电影。

无论是多么优秀的对策或战术，若是无法让每个人尽皆快乐也就没有任何意义。而此时的主题乃是"不要让任何一个人牺牲”。我在讲的不是“牺牲”这个结果，而是要让大家可以“接受”其过程。

而重点则是要让观众们产生“米勒上尉为了让所有人得以‘接受’而尽了最大努力”。如果各位是米勒上尉，是否能够为素昧平生的陌生人牺牲可爱下属的性命呢？况且他自己也想要活着回家啊。

之所以斯皮尔伯格不选择这种结局，是为了方便让动作成立。这也是纳富先生之所以能够断定《拯救大兵瑞恩》是一部“单纯的动作电影”的根据。如果少了这些方便，动作电影也就难以成立了。

若在制作电影时，凡事皆按照现实逻辑，那么就不会产生“动作”（action）了。动作之所以能够成立，乃是因为有某位电影中人在某处做出某个愚蠢的决断。而斯皮尔伯格为求最后的感动，刻意瓦解人们对过程的接受，而让米勒上尉丧命。

当然了，有人心里会想“那种缺乏华丽动作场面，土里土气，但是能让人接受的电影，大家会去看吗？”电影全凭票房说话，因此这很难做。但若电影中的一位角色是为了动作考虑，而果敢地做出愚蠢的决断，那这就是他自己的自由。无论其选择为何，当中都会有某些可以支持的地方。但若不知道自己为何要做出愚蠢的决断，那就只是单纯的愚蠢行为。

商场如战场，如果有人想要在工作中过劳死当然也是自己的自由，但是被迫陪着当事人的下属可就受不了啦！

中层管理人员并非身处那种“在公司当中流最多汗的人就是正确的”的世界。假如重视自己的部门，以及自己一手培养的事业、下属，那么就要好好动脑筋，避免令下属牺牲。除此之外，身为公司的一分子，也不可以背叛公司。

电影导演不可以对自己的人生观与信念撒谎

“看电影”这件事，事实上能够帮助观众总结出在人生中能派上用场的教训。而那些写在网络上的影评，则只会写到每部电影是好是坏。那只不过是所谓的“观影心得”罢了。

“看电影”就是一个案例研究的过程。特别是看角色的对白时更是如此。不管该名演员是好是坏都有其可看之处。譬如这角色好的话，是好在哪里呢？是他的演技很棒？还是长相帅气呢？即便提及了这个部分，却鲜少有人能够对该名演员的演技以及帅气是为了用来表现哪种角色提出疑问。

而该名角色是否又真的做对了呢？或许表面看起来是做对了，事实上却只是强逼他人付出巨大牺牲呢？大多英雄角色都有这方面的症结点。在现实社会当中，以实际利益作为优先考虑的生存方式往往都会较为有利，但是在看电影时，没有人会想要看到主角狡猾地四处逃窜，只为求自己的实际利益吧？

电影导演的心中也深感纠葛，苦恼该如何在电影当中实现这两种价值。既不能对自己的人生观以及信念撒谎，却也要向观众提供某个值回票价的要素。而对电影导演来说，努力同时实现两者便是个永恒的主题。在此处也需要让“两个轮子”同时旋转才行。

没有任何一个世界可以单凭一个轮子运作，战争、商场、国家的运行、电影的制作、家庭生活皆是如此。人们总是要持续让好几个轮子同时旋转，也就是说，要同时实现好几种不同的价值。这当然会让车辆飘移不定，此时不能任由其四处乱跑，而是需要努力下功夫调整车轮大小以及形状。

对于手握车辆方向盘的人来说，或许会有所谓的最适值以及最大公约数，但是却没有所谓的正确解答。既然人类不是超人，自然就不会有什么正确解答。而所能选择的最佳解答，就是最大多数人的最大幸福。

说到米勒上尉身为小队长优秀的地方，就是他努力朝向该“正确解答”迈进。但是因为《拯救大兵瑞恩》只是一部动作电影，因此他的努力也只能全都花费在战斗上了。结果导致他在这部电影当中，除了死亡以外没有其他正确解答。

好了，内容走偏了不少，我想在《拯救大兵瑞恩》当中，怠工恐怕是唯一正确的结论。电影当中只会有这一个模范解答。而负责对答案的应该是观众，而不是执导的导演。导演在制作电影时则要去期待观众帮忙对答案。而“优异地对出答案”，才能说是一篇优秀的影评。

我总是在想，日本很少有人能够优异地对出答案，才会导致电影的地位沦为简单的“消费品”。如此一来，有需要对答案的电影本身就会变得越来越少。而这类电影之所以减少，则是因为在观影过程中会想要去对答案的人越来越少的缘故。世界上当然存在着那种怕麻烦、认为在观影过程中只要开心、并享受到附加价值就好的人。因为若是只考虑到做生意，这样子就会轻松不少。

但这样做是行不通的，必须要同时旋转两个轮子。对于企业来说亦然，或许这样做在短期内能够提升获利，但是就中长期来看却会搞垮整个电影业界。

从这一角度来说，《拯救大兵瑞恩》当中的军队司令部以及美国政府也是如此。以短期来看，要整个小队为了抢救一位二等兵而丧命，这种命令是践踏了平等观念的行为；但是就中长期来看，这却完全是种帮助守护美国利益的行为。

时至今日，美军仍保留有“那种传统”。绝对不对任何一位战友见死不救，即便已经不幸丧命仍要带着尸体回家。有时美军也因此遭遇极大失败。

电影《黑鹰坠落》[10]中也描述过此种失败。前去救助战友的士兵一一陷入困境，结果令美军蒙受极大损害。但是这种行为并未被描述成是在做无用功。如果电影中人表示“我们不要做这些没用又不合理的事情了啦！”，那剧情就此告终，同时也拍不成电影，更不会有英雄现世。

之所以美国人会偏好英雄，就是因为他们通过实际体验，知道要让这两个轮子同时旋转是何其困难的一件事情。因此才会在幻想的世界当中追求英雄。唯有英雄能享有特权，并让这两个轮子得以成立。美国队长、钢铁侠（Iron Man）皆是如此。

总而言之，要漂亮地让两个轮子同时旋转，可说是极其困难。我目前也正深感苦恼，因为要在接下来执导的新作中漂亮地让两个轮子旋转才行。

1. 诺曼底登陆作战

于 1944 年 6 月 6 日第二次世界大战期间，盟军向当时由德国纳粹占领的西欧展开侵攻作战。共约十六万名士兵横渡多佛海峡，并于法国诺曼底海滩登陆，是有史以来最大规模的登陆作战。

2. 美国国策

美国国防部其实有所谓“仅存者政策”（Sole Survivor Policy）的规定。根据维基百科释，这乃是在当年加入美国海军的苏利文家五兄弟同时丧命于朱诺号轻巡洋舰后，美国国防部制定的一套规定。为避免家中的兄弟与家人从军后全数战死，家中仅存的人将会被强制要求自战线脱离。

3. 拿破仑的国民军

在拿破仑掌权之前，欧洲军队乃是以佣兵作为主力，但是在法国大革命之后，国民意欲防卫共和国的意识高涨，因此形成了国民军。在拿破仑战争以前，仅有少数几个国家拥有二十万人规模的军队，而据说法国在拿破仑战争时动员的军队总数达三百万人之多。

4. 虎式坦克（虎 I 坦克）

德军于第二次世界大战期间开发的重型坦克，配备有 88mm 口径的火炮，几乎可以击毁所有的盟军坦克。但是生产量较少（约 1400 辆），自始至终都只被用来掩护后撤的部队，以及填补破洞的战线。

5.《辛德勒的名单》（*Schindler's List*）

于 1993 年上映的美国电影。导演、制片人（共同）：史蒂文·斯皮尔伯格，编剧：史蒂文·泽里安，主演：连姆·尼森（Liam Neeson）等。剧情根据真人真事改编，描述德国实业家辛德勒如何自纳粹的迫害当中抢救出犹太人。

6.《紫色》（*The Color Purple*）

于 1985 年上映的美国电影。导演、制作（共同）：史蒂文·斯皮尔伯格，编剧：门诺·迈依杰斯（Menno Meyjes），主演：乌比·戈德堡（Whoopi Goldberg）等。作品背景设定于二十世纪前叶的美国南部，讲述了黑人家庭生活的故事。

7.《E. T. 外星人》（*E. T. : The Extra-Terrestrial*）

于 1982 年上映的美国电影。导演、制片人（共同）：史蒂文·斯皮尔伯格，编剧：梅丽莎·马西森（Melissa Mathison），主演：亨利·托马斯（Henry Thomas）、德鲁·巴里摩尔（Drew Barrymore）等。一部描述少年与外星人的邂逅及离别的科幻作品。

8.《夺宝奇兵》系列（*Indiana Jones*）

描述虚构的考古学家印第安纳·琼斯冒险故事的系列影视作品。

9. 纳富贵久男（1955—　）

BIG SHOT 的经营者，业务内容为电视、电影之枪炮特殊效果处理。亦参加过多部押井导演的作品。

10.《黑鹰坠落》（*Black Hawk Down*）

于 2001 年上映的美国电影。导演、制片人（共同）：雷德利·斯科特（Ridley Scott），编剧：肯·诺兰（Ken Nolan），主演：乔什·哈奈特（Josh Hartnett）、伊万·麦克格雷格（Ewan McGregor）等。一部以深刻的写实风格描述美军在索马里陷入战斗泥沼的作品。

越是优秀的成人，越会捏造自己的过去

打起精神去天马行空

7

少年与母亲相依为命地生活于日本下北半岛的恐山山脚处，通过潮来[1]与死去的父亲对话是少年唯一的乐趣。某天造访村落的马戏团团员向他提到了外面的世界，正好少年早已对当下的生活感到厌腻，满心向往外面的大千世界。少年便计划要离开村落，并与心仪的邻家少妇相约私奔。到这为止，都是如今已成为电影导演的“我”所拍摄的自传电影的一部分。

接下来二十年前的“我”现身于试映室，说明以上的内容并不真实，美化了过去。事实上村民全都透露着疯狂，马戏团团员也只是单纯的神经病。那位少妇则打一开始就没将少年的话当真，并对其冷言冷语，最后与情夫一同殉情。接下来少年再次回家与母亲两人共同生活，并与现在的“我”邂逅。

现在的“我”为了要改变过去，决心走入回忆与少年一起谋杀母亲。但是少年却被自东京返回村落的女性夺去童贞，一个人搭上火车离开村落。虽说现在的“我”打算独自一人谋杀母亲，却无法下手，于是便被抛在村落，并与二十年前的母亲面对面用餐……

寺山修司根据自己的诗歌集，创作出这部以自身少年时代为主题，带有强烈自传色彩的作品。

《死者田园祭》（*Pastoral: To Die in the Country*）

于 1974 年上映的日本电影。
导演、编剧：寺山修司
主演：菅贯太郎、高野浩幸、八千草熏、春川增美、原田芳雄等。

在第一章《凤凰劫》当中，我提到有时候不应该想办法规避责任，而是要做出决断，即便必须承担某种程度的风险。从这一角度来说，许多日本人都会希望上司帮自己做出所有决定。即便是在政治上，大家也都不想要去承担风险以及责任，导致最后什么决定都做不了，这实在很不像话。

假如凡事都以安全作为优先考虑，那么就会搞得“不能吃想吃的食物”“也不能做想做的事”，这样真的会快乐吗？所以即便因此解决了核电站的问题，也还是会有下一个让人恐怖的问题出现的。

也许各位会觉得我不用举这么极端的例子，但不管是打柏青哥[2]，还是玩丁半博打[3]，在赌博时不可能会有一条“赌博无风险，出手必赢钱”的捷径。如果想要规避风险，那就别赌博。

如果去相信统计数据，赌博可就难以成立了。以统计数据来说，庄家的胜率最高，但若想要完全规避风险，就无法做出任何决断。

当事人会过分在意这微小的风险，同时又一厢情愿地认为“应该只有我才会成功”。因此，若各位要买彩票，一定要抱持着“我绝对不会中奖啊”的心态。像我每年都会购买日本的“夏日巨奖”以及“年末巨奖”[4]彩票各二十张，但至今从未中过奖，不过我每次总是信心满满地认为一定会中奖！

未来存在着不确定性，人类才能够活下去

士兵身在战场时，心中某处总会抱持着“只有我会生还”的念头。虽然心中难免会想着“反正我明天就会死掉了”，但在此同时，也会有“搞不好只有我会生还呢”的念头。

我并非在否定这种行为。正因为是人类，所以哪怕概率再低，也会去期待对自己有利的结果。也因为如此，彩票才得以成立；以某种意义来说，也因为如此，战争才打得起来。若是知道自己上战场一定会死掉，那么任谁都不会想去当兵，但就是因为觉得有可能会活着返家，人们才去当兵。

也就是说，正因为未来存在着不确定性，人类才能够活下去。

而我们能够利用这一点来使唤他人，也能够让全体组织成员的情感都朝向某一方向。我们要像摩西一样，让他人觉得“搞不好跟着这家伙走，可以一起去到什么好地方呢！”诚如拿破仑所说“唯有幻想能带动他人”，这句话并没有错，正因为人类如此弱小，所以才会相信存在着好的结果。

每个人都清楚知道人类终有一死，但却仍希望自己能活得越久越好。而这种“活得更久，且更加安全”的想法，正是一种幻想。

唯一确定的是，我们都“活在当下”，并且“活过曾经”。因此我总是会说“未来怎样都好！”

但是年轻人眼里却只有未来，觉得未来不管怎样都是好的。在我来说，自己活到今天的过程以及当下最为重要。虽说年轻人似乎也能理解“当下最为重要”这句话的某一部分，但他们恐怕还无法理解“过去比当下更为重要”这回事吧！

也许这是因为他们觉得过去已经无法改变，但过去其实是可以改变的。当然，我们无法改变物理学的现实，但人类可不是活在物理学的现实里，同时也并非活在物理学所称的“时间”里。过去应该是由人们所捏造而成，自己想要的模样，将会成为自己的过去。

即便要把自己想成是某位伟人转世也全凭自己自由，而不管事实如何，要一厢情愿地认为“自己曾深爱母亲”同样也是自己的自由。全部的重点都落在要怎么做，才能够让现在的自己变得更加丰富。

常有人对我说“像你这样捏造自己到这种地步的人还真少见啊”，但我并非是在捏造自己，而是真心相信自己所说的话。

宫崎骏先生也是个捏造的天才，他可是全盘相信自己所说的话呢！即便是他这种世间少有的顽固老头，也常会发生诸如“你以前才没说过这句话呢”“不，我说过”这样的对话。

大家都会将过去改变成对自己有利的图景。譬如每个女人都会说：“老公，当初你不是跟我说过‘我会爱你一辈子，所以我们一起生活吧’这句话吗？”每个人都会这么做，因为不这么做就无法活下去，就像是这样，捏造过去其实是稀松平常的一件事，但年纪越轻的人就越无法发现过去的价值。

我想这是因为他们感觉自己的“现在”没什么价值吧！因为现在是以过去作为基础。正因为人们想让“现在”更加充实，并在其中获得某种自由，才会去捏造自己的过去。

譬如当放浪形骸的丈夫死去时，妻子面对其遗体会在脑海中捏造记忆，产生自己过去一直深爱着对方的错觉。如此一来，即便原本对至今未曾返家的丈夫充满憎恨，妻子仍可逃离过去那个讨厌的自己。

寺山修司[5]曾经清楚指出：“正因为是人，才能够改变过去。或者该把这视为人类独享的自由。”差别只在于是要将这份自由通过各种手段表现出来，还是要在现实生活当中实行。

他是一位表现者，他会唱歌、拍电影、写诗。而我本人也是既会拍电影，也会写小说。我会通过这些手段谈到自己的母亲或父亲，但这真的可以说是事实吗?

当然，我有时候会把他们表现得比事实更加有趣。的确，我的父亲曾经是位私家侦探，但身为一位父亲，他却不像旁人想得那么有趣。虽说如此，每当我向旁人提到自己的父亲是位私家侦探，大家还是会觉得他很有趣，因为这种父亲可不多啊！

即便如此，我的父亲并不是明智小五郎，也不是松田优作[6]，他只是个爱喝酒的暴力老头罢了，也完全没在工作，但是旁人却会自行为我勾勒出他的形象。

所谓的过去，只不过是“让我们能够活在当下的‘过去’”。这世界上并不存在纯粹的过去或客观的过去。以这层意思来说，我们的未来全都可以自由捏造，想怎样全凭自己高兴。存在的其实只有“现在”而已。

而这并不等同于“刹那主义”[7]。在我来说，这正是一种“现实主义”。诚如养老孟司[8]曾经明确指出：“人类才不是活在物理现实当中，我们无法通过科学验证自己与旁人活在同一现实当中，人类只是活在自己的脑海中。”这就是他所有论点的精髓，亦即世间万物都不过是所谓的脑内现实。

当年与他对谈时，他也曾经表示：“根本不存在什么虚拟现实”，由于每个人都活在虚拟当中，因此就没必要说什么虚拟不虚拟了。实际情况是大家都在互相维持接近现实的部分罢了。因为若不这么做，自己的现实就无法成立了。

但是关于自己与对方是否看着同一个现实，这部分可没任何保证。由于这是意识面的问题，因此无法获得保证也是理所当然，亦即无法得到客观角度的证明。

同理可证，我们也无从去比较自己孩提时代的意识、去年的意识，甚至昨天的意识。我们不过都是一厢情愿地认为“这就是自己”，但是除此之外，又如何去保证自己的身份呢？自己的幼年时期、孩提时期，这些时期不过都是现在的自己所想象的“过去的自己”罢了。

常常会有在过去并不存在的事物，却出现在回忆当中的情形发生。那就像是一部存在于记忆当中的电影，自己完全不记得有哪个场景令自己大为赞赏。在无意识的情况下，我们每个人都稀松平常地捏造过去。反之，若人类不具备这种能力，可能没多久就会发狂了吧！

无法模仿的事物全是偶然

寺山修司的《死者田园祭》正是这样一部电影。

我非常喜欢寺山修司，虽然我没看过他的戏剧，但读他写的一些东西也会感到有趣。我觉得每个与我年纪相仿的日本人几乎都曾有过一种“寺山修司体验”。

寺山修司拍过好多部电影，其中《死者田园祭》是他的集大成之作。如果有人说想看一看寺山修司的电影，我也最推荐《死者田园祭》这部易于理解的作品。这部作品以方才一直提到的概念，即“过去皆为捏造”贯穿整部影片。

此外在电影中也随处可见他所写的诗，从这个角度来看，《死者田园祭》也可谓是了解寺山修司的入门篇。这部作品既是寺山修司电影当中的集大成，同时亦是入门篇，这点着实有趣，而且本片也花了不少制作费呢！

《死者田园祭》是一部由 ATG[9] 出品的电影，至今我偶尔仍会看艺术电影。学生时代我可是个电影文青呢！当时我偏好 ATG 等独立电影公司所推出的作品，而这段时期我所看的电影又可分为两种，一种是现在仍能看得津津有味的电影，另一种则是现在完全看不下去的电影。我觉得这点也很有趣。

寺山修司的作品现在我还是看得下去，但此外的作品可就几乎都不想看了。当时我果然只是在自我陶醉吧！过去在我眼中的杰作，现在看来不过是单纯的庸作。我认为看电影会出现这种情形是理所当然的，电影本身就是各个时代的表现。

而对我来说，寺山修司的作品不管经过二十年，甚至三十年都全无关系，看起来还是相当有趣，值得一看。相较之下，我就不知道当时的其他电影导演，如大岛渚、筱田正浩、吉田喜重[10]他们到底是在拍些什么电影了。

藤田敏八等当时拍摄青春电影的导演尽皆相同，毫无例外。

譬如《八月湿砂》[11]是我电影文青时代必看的一部电影，这部电影在当时已经成为传奇。而说到法国电影，《冒险者》[12]同样是个传奇，许多人都将它们捧为青春电影的最高杰作，但是在我年长之后再去看这几部电影，却不由得产生“这在搞什么鬼”的错愕。我想，当时的氛围与电影评价都是成套的吧！

从这一点来说，青春电影的保鲜期果然很短。基本上，拍得很好的青春电影也不适合给老头子看。

寺山修司真的是一位风格前卫的人，他总是富有精力去持续创作一些天马行空的电影。从这一角度来说，唐十郎[13]的电影同样如此，至今仍有其可看处。

综观而论，日活、东映等公司制作的电影都偏商业取向，因此皆有其固定格式可循。这也让其中某些作品至今也还有可看性。而艺术电影多以某种文化或艺术为中心，随着时代变迁，会丧失一些原有的根基。因而艺术电影通常没有固定格式可循。

有些人误以为我是个“将电影视为艺术的男人”，但我基本上都是在拍娱乐电影。而遵守娱乐电影格式而制作的电影则拥有较长的保鲜期。

以这层意思来说，《死者田园祭》是寺山修司的电影中最具有娱乐属性的一部作品。电影中大量起用大牌演员，观影过程的确相当轻松。也因为观影过程轻松，观众得以清楚理解导演的主张。而不会像他之前的作品一样，以“让人摸不着头绪的方式”，拍出“让人摸不着头绪的内容”。我想这应该是他拍了好几部电影之后所获得的成果吧！从这个角度来说，他或许已经将电影给“看透了”。

寺山修司所执导的短篇电影则经常被称作“实验电影”，但是我认为那并不是字面意思上的实验电影。当时“实验电影”在日本蔚为流行，不过那种为了实验而做的实验，并不算是实验。无法再次重现的实验结果，算不上是真实，这在科学的世界可说是理所当然的事情。

电影亦然，如果别人想要模仿仍无法模仿的电影，只能单纯算是偶然。因为我也模仿过不少人的作品，自然晓得之间的不同。

在我还在负责电视动画作品时，也曾模仿过许多人的作品。我模仿的对象包括雷德利·斯科特[14]、安德烈·塔尔科夫斯基[15]、史蒂文·斯皮尔伯格、路易·马勒[16]，乃至于法国的黑色电影[17]，我模仿的对象可说是不胜枚举。而在此过程当中，我知道了一件事情，那就是“可以重现的作品皆有其根据”。之所以会这么说，是因为电影全都是模仿来模仿去的复制品，原本就是在耍诈。

另一方面，世界上也真的存在着一些无法被模仿的电影，比如大卫·林奇[18]的作品。如果说用电影来表现“疯狂”这一核心的话，没有人能比得上他。像林奇这样原创性极强的电影导演世间真是非常稀少。

寺山修司这个人就不一样了，他是在凭着理性揣摩电影，因此观众也能够理解他的作品。拍出一部让观众评价为“虽然不明白（电影）在说什么，但好像很厉害的”作品也可说是个主题，但是寺山修司的作品还没天马行空到那种地步。这同作为实验却无法被“实验”是一回事。

本章我以分析寺山修司的电影为中心，希望各位可以体会到“过去是可以捏造，更是值得捏造的事物”这个教训。

1. 潮来

一种日本巫女，据说能够招唤死者的灵魂附在自己身上。——译者注

2. 柏青哥（パチンコ）

一种流行于日本的赌博机器，玩家通过操纵弹珠机器，赢取奖励。——编者注

3. 丁半博打（丁半バクチ）

一种日本的赌博方式，庄家掷出两个骰子，玩家猜测骰子总和的奇偶数。——编者注

4. 夏日巨奖（サマージャンボ）与年末巨奖（年末ジャンボ）

于日本全国发行的彩票，奖金往往高达数亿日元。——编者注

5. 寺山修司（1935—1983）

日本诗人、剧作家。此外在小说、电影导演、表演等方面也有着卓越才能，发表过数量庞大的文学作品，执导过多部电影、戏剧。其还有不少引起当时媒体轰动的行为，比如1970年曾为漫画《明日之丈》的虚拟主人公力石彻举办葬礼。

6. 松田优作（1949—1989）

日本演员。于1973年出演电视剧《向太阳怒吼》，其饰演的反叛不羁的警官角色赢得极大人气，随即以动作片新星之姿活跃于影视界。押井导演于文中提到的应为松田优作于《侦探物语》（1979—1980）当中饰演的工藤俊作一角。

7. 刹那主义

在日本指一种只追求刹那间享受与愉悦的观点。——译者注

8. 养老孟司（1937—　）

解剖学家、东京大学名誉教授。提倡人类所有行为皆源自大脑的“唯脑论”，其著作《傻瓜的壁垒》（2003）在日本极为畅销。

9.ATG

活跃于20世纪60年代到80年代的日本独立电影制作公司。为“日本艺术影院协会”（Art Theatre Guild）的简称。其成立宗旨是让更多日本人看到优质的艺术电影，早期引进外国艺术电影，之后则以低成本预算积极支持年轻导演拍摄电影。ATG于新藤兼人执导的《濹东绮谭》（1992）后，终止活动。

10. 大岛渚、筱田正浩、吉田喜重

三人皆为于20世纪50年代进入松竹电影制作公司的新人导演，之后被誉为“松竹新浪潮运动”的执旗手，为当时具代表性的日本新锐导演。三人于风格上鲜少有共通点。

11.《八月湿砂》

于1971年上映的日本电影。导演：藤田敏八，编剧：峰尾基三、大和屋竺，主演：广濑昌助、村野武范等。电影通过速度、暴力、性等主题，来描述学生运动消退期的“冷漠世代”年轻人的脱轨青春。本片是日活电影公司将重心转向罗曼情色电影（成人电影）前所推出的最后一部电影。

12.《冒险者》（*Les Aventuriers*）

于1967年上映的法国电影。导演：罗贝尔·恩里科（Robert Enrico），编剧：罗贝尔·恩里科、若泽·乔瓦尼（José Giovanni），主演：阿兰·德龙（Alain Delon）、利诺·文图拉（Lino Ventura）等。电影描述了三名梦想破灭的年轻人，出发前去冒险，意欲探寻沉眠于海底的宝藏的故事。

13. 唐十郎（1940—　）
演员、剧作家、演出家。1963年创立“状况之会”剧团，次年更名为“状况剧场”。后于1967年在新宿花园神社内搭起红帐篷，上演《腰卷仙—第二部之义理人情繁华终尽篇（月笛仙）》。之后剧团便以搭帐篷演出作为标志，四处公演。

14. 雷德利·斯科特（1937—　）
英国电影导演、制片人。主要作品为《异形》（*Alien*，1979）、《银翼杀手》（*Blade Runner*，1982）、《普罗米修斯》（*Prometheus*，2012）等。

15. 安德烈·塔尔科夫斯基
（Andrei Tarkovsky，1932—1986）
苏联电影导演，于苏联时代的代表作品为《飞向太空》（*Solaris*，1972）、《潜行者》（*Stalker*，1979）等。离开苏联后推出有《乡愁》（*Nostalgia*，1983）、《牺牲》（*The Sacrifice*，1986）等作品。

16. 路易·马勒（Louis Malle，1932—1995）
法国电影导演，以《通往绞刑架的电梯》（*Ascenseur pour l'échafaud*，1958）一作出道，主要作品包括《扎齐坐地铁》（*Zazie dans le métro*，1960）、《再见，孩子们》（*Au revoir les enfants*，1987）等。

17. 黑色电影（Film Noir）
多指于20世纪40、50年代推出的美国犯罪电影（美国黑色电影），而押井导演提到的则是“法国的”，因此他指的应为《金钱不要碰》（*Touchez pas au grisbi*，1954）、《男人的争斗》（*Du rififi chez les hommes*，1955）等法国黑帮电影（法国黑色电影）。

18. 大卫·林奇（David Lynch，1946—　）
美国电影导演。其作品描述梦境与现实交错的独特风格，获得不少狂热粉丝支持。近期作品为《内陆帝国》（*Inland Empire*，2006）。一般以电视剧集《双峰》（*Twin Peaks*，1990）广为人知。

“一生追随老板的步伐”就是迈向用过就被丢弃的第一步

想要获得“老妈”的爱

8

《007：大破天幕杀机》（*Skyfall*）

于全世界恐怖组织内部卧底的 NATO 特工名单丢失了。服务于英国秘密情报局 MI6 的“007”詹姆斯·邦德赴土耳其执行夺回名单的任务，但却以失败告终，邦德本人也就此行踪不明，事件还导致邦德的上司——M 夫人的立场变得不稳。

与此同时，MI6 总部也遭到爆炸袭击。重返工作岗位的邦德为追查夺走名单的人而前往上海，击败夺取名单的执行者——帕特里斯。之后继续前往澳门的邦德，终于与引发一连串事件的幕后黑手——前任特工席尔瓦面对面。席尔瓦曾是 M 夫人的下属，但对 M 夫人在某次事件中舍弃自己一事怀恨在心。

邦德虽成功逮捕席尔瓦，并将其拘禁于 MI6 总部。但席尔瓦再次逃脱，策划袭击正出席政府听证会的 M 夫人。于千钧一发之际，邦德赶到并将 M 夫人救走，驾车驶离现场，目的地是邦德的老家，现在已无人居住的“Skyfall”……

本片是 007 系列电影的第二十三部作品，丹尼尔·克雷格是第三次饰演邦德，萨姆·门德斯则是初次执导该系列作品。

于 2012 年上映的英美合作电影。
导演：萨姆·门德斯
编剧：约翰·洛根、
尼尔·珀维斯、罗伯特·韦德
主演：丹尼尔·克雷格、
哈维尔·巴登、
朱迪·丹奇等。

《007：大破天幕杀机》可以说是007系列电影中一部划时代的作品，007系列的存在本身就是冷战时代的产物，早已与时代脱离，即便把这系列称作是因惯性而一直拍下来的作品也不为过。

在中学时期，我对007是相当沉迷。对于当时的男学生来说，007是种令人向往的人物类型。007外表既帅气，又随身携带有相当多的道具，而且女人缘极佳，更可以享受冒险。甚至隶属于某个组织这点同样是拉风十足。

谈到007与明智小五郎及多罗尾伴内[1]有什么不同，差异就出在私家侦探属于个体户；而007则是隶属于英国女王麾下组织的一分子。此外自主决定权也极大，可以自行判断要怎么行动。同时更能以公费前往世界各地，畅饮美酒、享用美食、与美女共度春宵……这些行为，明智小五郎与多罗尾伴内可做不到啊！

007最大的魅力就在于既有组织后援，也能够以个人身份自由发挥。除此之外，每当他接下一个任务，就又可以拿到改造的阿斯顿·马丁（Aston Martin）跑车或是公文包炸弹等全新武器，这可真令人羡慕啊！

过去邦德的敌人大家都是心知肚明，就是要对抗共产世界的阴谋。但若是开诚布公地讲出来，则会引起许多问题，因此编剧便虚构了一个名为“魔鬼党”（Spectre）的诡异组织。在电影中为了与这虚构的邪恶组织对抗，不惜炸毁一两座基地，甚至于让数百名的无辜民众因此牺牲。

如果挑明邦德对抗的敌人就是苏联，那么整系列作品就会染上政治色彩，陷入探讨究竟是自由主义较好，还是共产主义较好的麻烦处境。明明剧情是在描述一位隶属于组织的个人如何展开行动，可却还要背负着意识形态那就太累人了。

007 有组织撑腰，可以使用公费住进奢华的饭店、在赌场一掷千金、品美酒、享美食、开豪车、与美女搞暧昧，更可以在经历一场大冒险之余，最后大搞破坏，可以说是男人梦寐以求的生活。

隶属于组织的 007 在那个原本只有单枪匹马型英雄的时代潇洒登场了。他被设定成组织当中的王牌，此外尚有其他编号以 00 开头的探员。

日本也有一个私家版的 007，那就是“人造人 009”。由于日本并没有英国女王麾下组织这种背景，所以石森章太郎的这部漫画则是采用主角们自邪恶组织逃离，并自行建立起一个组织与之对抗的设定。《假面骑士》也是采用类似的设定。

日本人对组织总有着某种抵触感，因此无法发展出堂堂正正的组织。由于对财务省、内阁情报调查室等组织只抱持着公务员的印象，以致发现不了什么亮点。

《攻壳机动队》当中的公安九课[2]亦然。像我现在正在制作的《攻壳机动队 ARISE》[3]是在讲公安九课如何诞生，草薙素子是由军队制造的战斗生化人，原本是军队的“兵器”。电影中将讲述她如何表达自己并非道具的立场，并成为人类的过程。而为了向军方表达自己的立场，就只能打造一支属于自己的部队，最后她则成功建立起公安九课这支独立部队。由于要在日本这么做就是会经过一些波折，因此最后才会形成独立的组织。

而 007 系列虽然绵延拍了好些年头，但是自某个时期开始，它已经渐渐不符合时代需求了。明明已经进入一个追求冒险的时代，007 仍隶属于老态龙钟的组织，相较于他赌上性命的工作任务，却除了使用公费之外，没有其他好处可拿，在设定上已无亮点可言。

这部《007》是在讲该隐与亚伯的故事

007 有位名为 M 夫人的女性上司（朱迪·丹奇饰）。我在 M 夫人初次登场时，曾经怀疑过“让这种老太婆当上司真的没问题吗”，但是随着集数增加，她的存在感也越来越强烈。《007：大破天幕杀机》当中的 M 夫人更是刻画得相当棒，既有威严，也有背景。

毫无疑问地，她的原型是英国前任首相撒切尔夫人。我想，之所以将邦德的顶头上司 M 设定为女性，不知是否为因应时代所需？而最后也只有撒切尔夫人符合这个角色，她可是被誉为“铁娘子”的人物呢。她个性坚决，在片头就已经有过“快开枪”“也许会射中邦德”“别废话了，开枪”这样的对话。

但是这样一位铁娘子亦有其内心的弱点。

席尔瓦（哈维尔·巴登饰）是詹姆斯·邦德的前任特工，也曾是 MI6 的王牌。但是他却在某次事件被组织牺牲掉，就此堕入深渊。这个男人向 MI6 展开了多次恐怖攻击，虽说其最终目的尚未明朗，但是与什么颠覆世界秩序，甚至于实现社会主义等都沾不上边。

结果他图的就是吸引 M 夫人的注意罢了。我想他的不满就是“你居然敢把老子用过就抛弃”吧！而他的后继者则是詹姆斯·邦德。也就是说，这是一段母亲与兄弟俩的情感纠葛。

说得文艺点，这就是一段不受母亲接纳的儿子，与受到母亲接纳的儿子之间的故事。他的心态是为什么你选了邦德，却不要我呢？我也同样为了你赌上性命、忍耐拷问，甚至为求自我了断而搞到整张脸都毁容，都做到这种地步了，为什么老妈你还是舍弃我了呢？简单扼要地来讲，这就是一个心中感到不甘，而打算将母亲杀死，自己也共赴黄泉的儿子。

由于自己被母亲舍弃，因此对深受母亲宠爱的詹姆斯·邦德恨得咬牙切齿。但是在此同时，他也对邦德的处境感同身受，认为对方总有一天也会跟自己一样，被老妈给舍弃。

而詹姆斯·邦德的心情也稍显复杂，因为他在本片开场部分也被M夫人给舍弃过了。M夫人命令女黑人伊芙（娜奥米·哈里斯饰）开枪，即便将邦德一起射死也没关系。而事实上，子弹也真的命中邦德，只不过这是部电影罢了，所以邦德又奇迹般地复活了。

当邦德恢复意识，他已经被一位南方岛屿的美女给救回家，在痊愈之前，他的身心都全数仰赖这位美女照顾。她不只喂邦德吃饭，连身体也献给了他，同时也给邦德一些小钱去赌博。邦德在这段时期做的事情就是自暴自弃地跑去赌博，以及喝酒后讲一些废话罢了。

某天，这位放浪形骸，蓄着满脸胡子的儿子突然回到了组织，他与M夫人的对话就像是“妈，我回来了”“你跑哪去鬼混啦！你这败家子！”“既然都回家了，就先来工作吧”。

这虽然不是该隐与亚伯，但同样都是在描述母亲与受宠的儿子，以及不受宠儿子之间的情感纠葛。我从来没有看过这种《007》，从这个角度来看，我觉得本片很有趣。

至今为止的《007》系列电影都是将酒精、女人、暴力、冒险等元素恰当地拼接在一起，可谓是实打实的娱乐作品。但是这次的《007：大破天幕杀机》却稍显不同，像是在宣示要将007系列重新定义一样。

而本作的Q[4]也不再是过去制作小道具的技工了，而是网络达人。他否定了过去的自我，毕竟在这时代还搞改造阿斯顿·马丁跑车、制造那些过时的秘密武器又有什么用呢？

也就是说，这一次《007》紧跟时代，拍出了一部反映时代的作品。

饰演詹姆斯·邦德的丹尼尔·克雷格在之前两部作品中的表演都博得好评。但是这次的邦德女郎却太过低调，都没给观众留下太多印象。在片头误射邦德的伊芙是这样，于途中登场的美女赛菲茵（贝纳尼丝·玛尔洛［Bérénice Marlohe］饰）亦是欠缺特点，都根本没什么让人眼前一亮的表现。

但这也是理所当然的事，因为这次的邦德女郎是 M 夫人啊！

这位外表苍老的 M 夫人是 007 系列承先启后的终极邦德女郎。M 这个字母代表着 Mother（母亲），《007：大破天幕杀机》也很好地把这一层意思拍了出来，完全可以称为杰作。而就仔细品味电影的人来说，这部电影拍出了他们想看的点，自然能获得极高评价。

虽说现在那些小道具以及小装置已经落伍了，但是在本片最终的决战部分，阿斯顿·马丁仍是登场了。我想老粉丝看到一定都会泪流满面吧。对我们这个年纪喜欢《007》的老头子来说，阿斯顿·马丁可是整部电影的精髓，任谁看到最终决战时，都会认为“现在就该阿斯顿·马丁登场了啊！”

在确实抓到这些观影重点之余，电影中关于恐怖组织的描写也符合时代背景，并不是那种天方夜谭的动作片。

詹姆斯·邦德是全世界最惨的临时工

在肖恩·康纳利（Sean Connery）[5]时代，我就已经乖乖端坐在电影院观赏《007》了。当时正值间谍题材电影的全盛时期，比如《弗林特》[6]，还有些意大利的低成本间谍电影更是数量如山。而在日本，由川津佑介、田宫二郎等演员出演的间谍片也大为流行。

不过间谍电影还是进入了饱和期，冷战结束后的间谍电影全都欠缺真实性，我在第五章写到的《锅匠，裁缝，士兵，间谍》是我久违看到的间谍电影，当时之所以会选这部电影，主要是为了缅怀冷战时代。

而除了《锅匠，裁缝，士兵，间谍》之外，近期的间谍电影大多没什么存在价值。虽说现在的间谍电影做工精细，但是顶多就是以基层战斗员作为主人公的动作电影罢了，譬如《极限特工》[7]。《谍影重重》系列[8]虽然拍得很棒，却只是以底层的杀手作为主人公。

间谍电影这个类型很难去符合时代需求。除了故事情节、演员阵容、执导技巧等部分之外，究竟还要在哪个部分具备真实性呢？

当然，《007：大破天幕杀机》的故事情节同样也是荒诞无稽，譬如为了让间谍大显身手，让他们在屋顶上飙车，或是去赌场赌博、与美女搞暧昧等等，该有的套路一个都没有少。

而之所以这部电影会富有韵味，是因为演的是组织内部的故事。电影中呈现的是组织里的管理层与被管理层的故事，即上司与下属的故事。

假如以上司与下属各自如何因应对方作为观影重点，那么整部电影看起来又会截然不同。

当然啦，M 夫人是上司，而 007 则是下属。上司究竟能命令下属做什么事情，又可以强行要求下属背负多大的风险呢？由于身处谍报组织，因此就 007 的立场来说，即便他因此牺牲也无可厚非。以某种意思来说，他就算被用完就丢也没得抱怨。因为他已经在这份合同上签名了。

准确地说，他并不是正式员工，00 编号的性质就像是临时工。而作为交换，他也获得了一张杀人执照。与电影导演相同，他只有在执行任务期间能够获得职权和预算。

当工作结束后，他就暂时与组织没有瓜葛，因此就可以跑去赌场赌赌钱，等到又有工作时，组织就会再将他叫去。

虽说如此，由于他的工作涉及国家机密，因此并没有辞职的自由。也就像是在说，你是个临时工，但是不能辞掉这份工作跑去其他地方上班。邦德没有办法自由选择改去 FSB（俄罗斯联邦安全局）[9]，乃至于 CIA 上班。如果他这么做，可就会被组织抹杀了。

身为临时工，却没有办法自行离职，而且有随时被组织单方面切割的可能性。

也就是说，邦德是全天下受到最不合理待遇的员工。

在以前的时代，组织会一肩扛下所有责任，个人则可以放手大干一场；现在的时代则是整个逆转，间谍可说是货真价实的穷忙族。越是努力工作，则寿命也越短，而且只能够凭借个人能力去寻求活下来的机会，组织可不会给予任何保障。

以本片来说，组织也几乎没有给予邦德太多后援，顶多就是给了一点零用钱罢了，甚至只给他机票而已。即便如此，他还是要远赴危险得不得了的地方出差，而且要自己想办法活着回来。我想大概没有比这更过分的劳资关系了吧！

除此之外，就算在任务中丧命也是没办法的事。在邦德与敌人近身肉搏时，传出“或许会射中邦德”“射到也无妨，开枪”之类的对话。为什么上司可以说到这种地步，而身为下属的邦德也能够接受呢？冷战时代的间谍都是具有特定意识形态的战士，但是现在的间谍可没什么意识形态啊。M 夫人到底是以什么作为根据，讲出“死了也无所谓，动手吧”这种话呢？

或许不属于任何组织的骷髅 13[10] 会比较好呢，他完全是个体户，风险自负，报酬亦是全拿。他的生存意义就是看着瑞士银行户头中的数字增加。

骷髅 13 最好的地方，就是他拥有选择工作的权利。

骷髅 13 其实就是脱离组织的詹姆斯·邦德。作者斋藤隆夫[11] 在推出《骷髅 13》之前，曾经绘制过以《007》为题材的漫画。而骷髅13其实就是将《007》改以东方风格呈现，并将他设定成一个以个人身份化身为杀戮机器的男人。由于再去画那些老外脸也没什么亮点了，因此作者就改画蓄着鬓角的东方人，结果人家在日本大受欢迎。

主角迪克东乡是位能力超群的天才狙击手，在电影中他睡遍金发妞，更是想赚多少钱就赚多少，可说是撷取了《007》的诸般优点。我在一开始也曾疑惑过，不觉得这种撷取了《007》优点的漫画作品会卖得好，结果人家却是大卖特卖。

在职场寻求亲子关系的现代年轻人们

话说，007本人为何对电影中那极差的雇用条件甘之如饴呢？我觉得既然组织都认为他已经中枪丧命了，那他大可与美女在南方岛屿逍遥快活啊。他可以每天赌博、喝酒、与那位美女胡天胡地、优哉地做日光浴。这种生活虽然缺少了冒险，但是活得可远比过去还像个人了。我不由得感到疑惑，为什么他还要返回组织呢？

当007特地舍弃那逍遥自在的生活，赶回组织，身为上司的M夫人却完全没有给予007任何援助，让他可以完成自我实现。她给予007的只是某种母爱。

相当不可思议地，席尔瓦与邦德明显都将自己视为儿子，将M夫人当成母亲。而对M夫人来说，007是突然归家的浪荡子，因此M夫人非但没给他一个大大拥抱，对他说“还好你活着”，甚至还一副“你太晚回家啦”的嘴脸。她的态度就像是母亲在对儿子说“既然活着，至少打个电话报平安吧！你这个笨儿子”，明明是自己差点把他给杀了，还真好意思说这种话呢！

但是观众或许也向往着与这种上司的人际关系，否则《007：大破天幕杀机》就不可能会大受欢迎了。

想想007与M夫人、组织之间的关系，他别说是拿到巨额报酬了，根本就是拿着低薪，同时每次的任务大多都得置之死地而后生。那么为何007与M夫人的关系还能继续维持呢？那是因为两人是母子关系。诚如我前面所述，对邦德来说，M夫人就像是他的母亲一样。

我想搞不好所谓现代日本的劳资关系，对下属而言，上司给予的回馈并不是薪资报酬，而是一种“浓密的情感连结”。

在做工作方面的问卷调查时，常常会出现“你最想要的上司类型？”“你理想中的上司？”等问题。我想那是否是一种对父母亲的期待呢？对于尚未独立自主的儿子、女儿来说，都会希望父母能听自己说话、信任自己，同时为自己扛责任。也就是说，他们会希望有个人物能为他们的自负心提供一个依凭。

当席尔瓦受到敌人严刑逼供时，他终于明白这件事；而邦德则尚未醒悟。即便如此，当他与那位被舍弃的兄长见面后，他终于对“自己为何要跟随M夫人呢？”这个疑问产生了答案，答案就是“过去我没有获得过母亲的爱”。

这是我唯一的看法。詹姆斯·邦德在过去曾经身为冷战时期的战士，并背负着意识形态去对抗共产主义。而随着时代更迭，他的目标只剩下当一个好儿子。

如果一位上班族在公司没有任何目标，最后或许也会只剩下那种宛如亲子关系般的人际关系。

我相信至少詹姆斯·邦德就是如此，他的人生除了想要被M夫人视为一个好儿子的想法之外，已经别无所求。如果不是如此，他早就会离开这种条件恶劣的职场，辞职不干了。毕竟M夫人差点把他给杀了，居然还敢如此大言不惭。但是无论M夫人对他做了些什么，他仍是任劳任怨。

我们可以说这就是这部电影所包裹的糖衣，也可以说观众都已知道《007》的世界就是如此，因此才没有察觉到罢了。冷静想想，MI6根本就是个黑心企业啊！

说到底，这个世界上普遍存在一种劳资形态，那就是员工迷上公司老板的男子气概，因而无法自公司离职。当一名员工针对“你为什么要在条件这么差的公司干下去呢？”的疑问，以“因为我想要一辈子跟随这个老板”来回答时，这名员工与老板之间就是如假包换的亲子关系了。而对这名员工来说，获得老板的认同就是所谓的自我实现了。这种公司要多少就有多少，特别是中小企业，大家都是这种形态。

而我本人则完全不觉得“电影导演的言行举止要像是一名

父亲”。反之，我在拍摄现场的言行举止更像是一名无可救药的笨儿子。

只要有我想做的事情时，就会死磨活缠地强逼对方说“我要做”，有时我甚至会躺在地上耍赖。

即便工作人员对我说，他们完全不懂我在想什么，也不懂为什么我非得这么做不可，并怀疑这样真的能拍好电影吗？我仍会坚持己见。结果最后就会搞得工作人员觉得我无可救药，只能靠他们自己争气了。

当然啦，这世界上也有导演要工作人员无条件地跟着自己，为实现此目的甚至会有怒骂、痛殴、脚踹等行为。但是这却与正确的方法背道而驰，等同于在强逼对方接受自己的无理要求。由于我不是这种类型，因此我在执导时不会扮演一位强悍的父亲，而是会扮演一位任性的儿子。因为如此一来工作人员就会觉得“如果无法完成这部电影，会是他们的耻辱”。

之所以搞恐怖攻击，是想要母亲正眼看看自己

在这部电影中，压根没有那种 007 是为了国家、组织大义而行动的氛围。虽说看起来像是在对抗恐怖攻击，但却不太了解对方为何要策划恐怖攻击。那看起来似乎也不是什么伊斯兰教的教旨主义啊。而当观众抱持着“到底席尔瓦为什么要策划

恐怖攻击呢”的疑惑观看电影，才发现他打着的是“杀死 M 夫人，自己也共赴黄泉”的馊主意。

为什么就为了这点事，席尔瓦就要去搞啥恐怖攻击呢？结果他就只是想要通过搞恐怖攻击让老妈困扰，却大费周章地随意使唤自己的手下。陪着他瞎忙的手下可真是困扰。

剧情可说是乱七八糟，席尔瓦搞恐怖攻击的目的只是让 M 夫人这个老女人困扰，并把她逼到绝境，最后再把她给杀掉，自己也跟着自杀。之所以这种糟糕透顶的剧本能够拍成电影，是因为观众对《007》这系列作品已经有基础认知，如果没有任何基础就这样搞只会被当成白痴。

由于《007》系列已经行之有年，观众也对其基础部分存有认知，剧组也就可以随意胡来了。这也是我常用的技巧。《福星小子》《机动警察》《攻壳机动队》皆是如此。要在作品既有的架构当中实现某些事，这部分就归编剧与导演管了。

虽然导演对剧本的意图，乃至于真意能够理解多少尚须打上一个问号，但是以这层意思来说，《007：大破天幕杀机》真的拍得很不错。而我也常常会想，或许拍这部片的导演根本就没有理解剧本所欲阐述的意图呢。

显而易见地，编剧抱持着某种意图，那就是明确地建立起一个属于母与子之间的故事构造。电影中有一幕是 M 夫人打开灯，等着满脸胡渣的詹姆斯·邦德归来，就像是在说“怎么这么慢？是跑去哪里鬼混了？这个笨儿子”。稍微想想，自然就能明白为何电影中会需要这一幕。

而且当M夫人终于在剧终表现得一脸愧疚，感觉就像是在说“都是我的错”时，完全就像是在拍一部情感片。我觉得编剧有着相当明显的意图。

曾经，詹姆斯·邦德本身是以冷战的斗士作为人生目标。但是随着时代更迭、国家局势变迁，詹姆斯·邦德个人的人生目标已然消失不见。那他还剩下些什么呢？

让我们把这换成商场吧，就很像是一家企业获得极大成功，完成了自身目标，因而得以自我实现之后，接下来就没有其他目标了。像是索尼、丰田等企业已经成为日本首屈一指的顶尖企业，但是它们却无法提出下一个目标。不管是对世人，还是对员工皆然。因此每位员工都只能坐吃等死。

即便如此，员工们仍是会努力做各种全新尝试，就像是在问公司说“我们该做些什么好呢？”，但是这些努力却总是遭到全盘否定。就像是索尼在智能手机等领域被其他竞争对手抢尽先机，失去了当初推出随身听（Walkman）时的目标。当时索尼的目标是一种通过商品改变世界，并通过商品的附加价值给予自由主义支持的远大志向。

虽说只有一瞬间，但是某些商品的确在某个时期超越了冷战时代的意识形态。所以大家都抱持着共同的期待：通信技术的革新，从中获得超越意识形态的巨大能量。这都是因为商品神话曾在一瞬间超越了意识形态的缘故。而每个人都对那种商品神话陶醉不已。

比尔·盖茨（Bill Gates）说："人们通过商品开发，实现了通过'创造崭新事物来改变世界'的梦想。而过去不管是共产党，还是马克思都没能够完成这个梦想"。通过创造新商品让世人认同全新价值，甚至改变世人的生活形态，这就是革命。而日本却逐渐丧失带动革命的能力了。

如此一来，也就只剩下与詹姆斯·邦德相同的目标了。也就是以员工的身份，在企业当中寻求自我实现。公司里面高层的 CEO、总裁数量屈指可数，剩下的大量员工就只会是所谓的丰田员工、索尼员工，不外如是。即便去到外面，一旦自公司独立，那么身份就只会是个糟老头子，因此也无法自公司离职。除了因经济不景气而难以离职之外，员工也会因为恐惧无法自我实现而不敢离职。

就这点斤两，怎么可能创造出革新的商品。如此一来，这些员工就只能接受一些乱七八糟的命令，譬如 M 夫人命令邦德去死，邦德就真的会去死。而相对地，员工则可以获得隶属于庞大组织的安心感。

但实际情况是公司逐渐无法给予员工保护以及保障了。员工何时被炒鱿鱼都不奇怪。就连这种宛如詹姆斯·邦德般的自我实现，似乎也越来越难在大企业通用了。

我感觉企业规模越是庞大，员工与公司越是没有一体感，而中小企业似乎仍勉强留有这种一体感。这些中小企业大多是在制作崭新的机械设备，譬如捣麻糬的机械，或是捏寿司的机械等等。

生存于这种技术世界当中的人，皆以“制作商品”作为自我实现。这与公司规模是大是小，是否为承包商等条件完全无关。甚至越是一家承包商，越会有一颗技术之心。由于它们长年无法对上游厂商的要求说不，并陷入恶斗苦战，同时忍耐对方不合理的要求，结果让它们保留了技术。

我也在索尼这家企业身上听到过相同的事情。也就是当索尼全体以“像松下一般受到世人认同”作为目标的时期结束，并在日本一跃成为业界龙头时，他们突然不知道自己该做什么好了。于是他们就开始思考，身为业界龙头，自己究竟要做什么才行。

同样地，索尼也曾经在忘记是马来西亚还是哪里成立过分公司，但是派驻至当地的员工们表示“我们是关东军”，自行在当地开疆辟土，最后独立。当他们之后去参加索尼举办的同期聚会时，听说大多只能表示“我们无论如何都要好好跟着索尼干啊”。

这支关东军就像是隶属于警视厅警备部，却能在填海造陆地区随意胡来的特车二课一样。只是身处这种地方，可能就会产生“辞职也没差”的想法而已。

詹姆斯·邦德是无能者

我觉得，《007：大破天幕杀机》虽说努力符合时代要求，结果产生的却是极为畸形的自我实现。该说那是下属与上司之间的人际连结呢？或是某种共同性与一体感呢？总之，隐藏于其中的安心感便是詹姆斯·邦德的自我实现了。

基本上，詹姆斯·邦德是个无能者，假如他离开了谍报部门（虽说他无法离开啦……），就没有其他事情可以做了。除了有赌博的才能、一身好本领之外，他可说是一无所有。此外他只剩下到处释放荷尔蒙的功能了。

当M夫人在电影中不幸遇害，结尾的部分又来了一位继任者——M先生。但他可是个男人，因此无法对007使用相同手段，那么007接下来又该如何是好呢？

当然007也可以收拾心情，重新出发，但是即便否定自己至今与上司之间那股类似一体感的连结，接下来也没有冷战这个意识形态了，而007又该以什么东西作为自身目标呢？

我觉得冷战的时代已经结束了。而对007来说，除了个人的动机之外，已经没有执行任务时的目标了。

容我再顺便说上一句，没想到这种企划居然会通过呢。我想这是因为此企划与制片人想要让《007》系列重新开始的愿望一致的缘故。或许以这层意思来说，此企划是一口气通过了缝隙。而这也是我很常使用的手段。

制片人其实真的很头痛，即便再歹戏拖棚地拍摄《007》系列的续作，就中长期来看，票房也只会越来越差。因此才会想要在某个部分重新开始。以某种意思来说，《007》其实是张安全牌，因为这个系列到现在还是很能吸引观众，所以也才能一直拍下来。除了在演员阵容上做出调整，也没有其他地方可以去改变了。而丹尼尔·克雷格虽然是位不错的演员，却与过去的味道有着明显的差异。

而此企划也许是凑巧与制片人的愿望不谋而合。《007：大破天幕杀机》可说是一部由“我们来拍 M 的故事吧”的点子，以及制片人的想法勉强合成的作品。不过在提到《007》系列时，我还是不会将这部作品与《007：金手指》[12]《007：霹雳弹》[13]《007：俄罗斯之恋》[14]等作品相提并论。《007：大破天幕杀机》果然还是部一次性的作品。

1. 多罗尾伴内
由比左芳武原作、编剧的悬疑系列电影《多罗尾伴内》中的主人公，其职业为私家侦探，在调查诡异事件时会变装成各种谜一样的人物。

2. 公安九课
《攻壳机动队》系列当中，素子与巴特隶属的情报机关，设置于内务省公安部内，为受内阁总理直辖的秘密组织。

3.《攻壳机动队 ARISE》
于 2013 年开始上映，共分为四集的日本动画电影。总导演：黄濑和哉，编剧：冲方丁，主演（配音）：坂本真绫、塾一久、松田健一郎等。剧情描述公安九课成立之前，草薙素子与其他成员的故事。作者撰写本书时（2013 年）只有第一集上映。

4.Q

007 系列的登场角色。于 MI6 当中负责开发武器及秘密兵器。Q 是取自 Quartermaster（军需官）的首字母，并非像 M 夫人是一个职位。

5. 肖恩・康纳利

即第一代邦德的饰演者。——译者注

6.《弗林特》（*Our Man Flint*）

于 1966 年上映的美国电影。导演：丹尼尔・曼（Daniel Mann），编剧：本・斯达尔（Ben Starr）、哈尔・芬伯格（Hal Fimberg），主演：詹姆斯・科伯恩（James Coburn）、吉拉・戈兰（Gila Golan）、李・科布（Lee J. Cobb）等。剧情描述拥有超人般能力的间谍向邪恶的科学组织发起挑战。

7.《极限特工》（*xXx*）

于 2002 年上映的美国电影。导演：罗伯・科恩（Rob Cohen），编剧：里奇・威尔克斯（Rich Wilkes），主演：范・迪塞尔（Vin Diesel）、塞缪尔・杰克逊（Samuel L. Jackson）、艾莎・阿基多（Asia Argento）等。剧情描述一位不法之徒因缘际会被美国 CIA 吸收成间谍，并与犯罪组织对决。

8.《谍影重重》系列

间谍题材的系列电影，改编自美国小说家罗伯特・鲁德鲁姆（Robert Ludlum）的原作小说《神鬼认证》三部曲。主角杰森・伯恩被设定为罹患失忆症的前 CIA 杀手。至 2017 年为止，已推出过《谍影重重》（2002）、《谍影重重 2》（2004）、《谍影重重 3》（2007）、《谍影重重 4》（2012）、《谍影重重 5》（2016）等五部作品。

9. FSB

俄罗斯联邦安全局（Federal Security Service）的简称，负责拟定俄罗斯联邦的间谍侦查、犯罪对策的机构。

10. 骷髅 13

日本漫画家斋藤隆夫的作品《骷髅 13》的主人公迪克东乡的绰号，是一位具有一流狙击能力的杀手。——译者注

11. 斋藤隆夫（1936—　）

日本漫画家。主要作品为《骷髅 13》《陆地沉没记》等。于日本首度导入以制作公司制作漫画的形式，奠定了分工合作完成作品的形态。

12.《007 之金手指》（*Goldfinger*）

于 1964 年上映的英国电影。导演：盖伊・汉密尔顿（Guy Hamilton），编剧：理查德・迈鲍姆（Richard Maibaum）、保罗・德恩（Paul Dehn），主演：肖恩・康纳利、杰特・弗罗比（Gert Fröbe）等。为 007 系列第三部作品。007 在电影中与走私黄金的巨亨——金手指对决。

13.《007 之霹雳弹》（*Thunderball*）

于 1965 年上映的英国电影。导演：特伦斯・杨（Terence Young），编剧：理查德・迈鲍姆、杰克・惠廷厄姆（Jack Whittingham）、约翰・霍普金斯（John Hopkins），主演：肖恩・康纳利、克劳丁・奥格（Claudine Auger）等。为 007 系列第四部作品。007 在电影中为夺回遭魔鬼党夺走的原子弹而前往巴哈马。

14.《007 之俄罗斯之恋》

（*From Russia with Love*）

于 1963 年上映的英国电影。导演：特伦斯・杨，编剧：理查德・迈鲍姆、约翰娜・哈伍德（Johanna Harwood），主演：肖恩・康纳利、丹妮拉・比安基（Daniela Bianchi）等。为 007 系列第二部作品。自苏联情报局逃至英国的女间谍，其实是魔鬼党设置的陷阱。

囚犯问：“获胜队伍”的绝对条件是什么？

得到灵魂的自由吧！

9

保罗曾经是风光一时的橄榄球明星四分卫，但却因为涉嫌打假球而遭到终身禁赛，之后便自甘堕落过着被富婆包养的生活。某天他酒后驾着富婆的高级跑车，撞坏警车，因而遭逮捕被关进监狱。

典狱长海森非常执着于培育一支由狱卒组成的半职业橄榄球队。原本典狱长命令保罗担任球队队长，但是保罗却遭球队教练兼队长的狱卒胁迫，因此只能拒绝典狱长的要求。这导致保罗在监狱中遭受极不合理的苛刻对待。

某天，典狱长命令囚犯们组成一支球队，以作为狱卒队的陪练对象。保罗拉拢了前职业橄榄球员斯卡伯勒，并获得在监狱中人面很广的“万事通”协助，逐渐网罗了一批派得上用场的囚犯，组成球队。比赛的日子终于到来，前半场由狱卒队领先，但是囚犯队也一路紧咬比分至中场休息。此时典狱长海森将保罗叫去，逼迫他放水输掉这场比赛……

本片由当时的人气男星伯特·雷诺兹领衔主演，是一部充满阳刚味道的粗犷运动电影，于 2005 年被再次翻拍。

《最长的一码》（*The Longest Yard*）

于 1974 年上映的美国电影。
导演：罗伯特·奥尔德里奇
编剧：特蕾西·基南·温
主演：伯特·雷诺兹、
埃迪·艾伯特等。

第一章的《凤凰劫》也是罗伯特·奥尔德里奇的作品，而本章我将再次向各位介绍一部由他执导的作品——《最长的一码》。这也是部典型的奥尔德里奇电影。

主角保罗由伯特·雷诺兹饰演，原本是一位职业橄榄球员，但因为打假球嫌疑而遭联盟终身禁赛，现在被富婆包养。某天他因故与富婆争吵，强抢对方的高级跑车作为分手费，并在路上放胆狂飙，与警车上演亡命追逐，结果被关进监狱。剧情发展到这里差不多经过了十分钟，而进入监狱之后，故事主轴才正式开始。

在进入监狱后，他那宛如注册商标的胡子被剃掉后，给人的印象像是突然年轻了好几岁。原本喝酒喝到酒精中毒的废渣，在剃掉嘴上的胡子、剪短头发后，顿时散发出一脸精悍气质。通过进入监狱服刑，让他稍微重拾往年身为知名球员时的精悍味道，这是一个很棒的桥段。

而典狱长海森（埃迪·艾伯特饰）对橄榄球存有一份异常的执着，他打造了一支由狱卒组成的半职业橄榄球队，以争夺地区的冠军宝座。当然啦，他也盯上了保罗，保罗甫入狱就被他叫去典狱长室，他希望保罗担任球队的教练一职，“今年我要打造一支能夺冠的球队。你也来帮忙吧！”

但是在保罗与典狱长见面之前，负责率领狱卒队的狱卒队长就威胁保罗说：“就算典狱长希望你当教练，你也给我推掉！”电影中虽然没有明确描述狱卒队长这么做的理由，但是这恐怕是因为他不想要一名囚犯在自己面前嚣张吧。因此保罗就对典狱长表示“我已经不碰橄榄球了”，拒绝典狱长的要求。从此保罗就在监狱内遭到残酷的对待。

掌权者绝对不会打一场会输的比赛

每位囚犯都知道典狱长对橄榄球无比执着。而球赛再过几天就要开打了，无论如何都想要获胜的典狱长因此紧紧缠着保罗不放，希望可以说服他。由于典狱长追得太夸张了，于是保罗对他说：“你只要在正式比赛前安排一场练习赛，并故意让球队赢就行了”。也就是要典狱长安排一支球队给狱卒队凌虐，借此建立球员的自信心。

听到保罗这么说，于是典狱长就命令保罗集结囚犯们组成球队，以供狱卒队练习比赛之用。由于是以囚犯作为比赛对象，因此狱卒队可以随意做出粗暴动作。这在挫囚犯锐气之余，还能够兼具练习效果。

在奥尔德里奇的电影当中，常常会出现掌握绝对权力的角色。事实上，这部电影当中的典狱长在监狱当中就像是高高在上的神祇。

那保罗又该怎么做呢？

他只有两个选项可供选择。其一是执意违逆权力者，并承受狱卒们的残酷对待，与对方顽抗到底；其二则是从善如流地听典狱长的话，担任狱卒队的教练，如此一来就能够讨掌权者欢心，进而在监狱里过着逍遥自在的囚犯生活。

而保罗原本打算选择前者，但是他在前几天的工作场合上不小心殴打了狱卒队长，于是典狱长威胁他说："就算你工作得再认真，暂时也出不去"。典狱长提出假释作为诱惑，因此保罗开始招募用以组成囚犯队的球员。

刚开始囚犯们并不信赖保罗，认为他是在对典狱长摇尾献媚，并且想利用这些囚犯们。但保罗其实是真的决心带领囚犯队打赢比赛。从这里开始，电影的情节突然变得极为有趣起来。

在囚犯当中，有位浑身缠绕铁链的杀人狂，也是空手道大师，每天可以获得一次解开铁链，前往中庭练习空手道的机会。大家都对他感到畏惧，因此没人敢接近他。可是我们的保罗看到他之后，却觉得"他很不错，就拉他入队吧"。就这样，保罗集结了多位个性古怪的囚犯，打造出一支橄榄球队。

虽然这是一支由囚犯仓促成军的"急就章"球队，但是既有前任职业球员保罗悉心指导，更有像是怪物一般强大的家伙在其中，因此整体战斗力还算强大。狱卒队看到囚犯队在练习，心里很不是滋味，于是就故意找碴，意图整垮这支球队。

而没参加球队练习的囚犯们也因为不明白保罗的本意，所以在各方面恶整保罗。譬如黑人们完全不听保罗说话，各种挑衅让保罗无法顺利培训球队。

虽说如此，保罗却开始通过话语唤醒囚犯们的激情：“你们都不会不甘心吗？难道你们就打算一直在这监狱里面任凭他们摆布，卑微地讨生活吗？还是想要在比赛里将那群令人憎恨的狱卒打得落花流水呢？”慢慢地，囚犯们也开始摩拳擦掌了。这个“在大庭广众下打倒狱卒的绝佳机会”，让众囚犯逐渐团结一心。

在比赛当天，到第二节为止，两队可说是你来我往，比分只有些微差距。但是典狱长却在中场休息时间将保罗叫去，并威胁他说：“如果囚犯队赢球的话，你这辈子就别打算再出狱了！”典狱长掌握着保罗的生杀大权，只要他想，随便都可以让保罗再背上抵抗狱卒、使用暴力等额外罪名。“我稍微动根手指，你就得在监狱里过一辈子！”他如此恐吓保罗。

“就算他们不打假球，我们也能赢的！”听到典狱长的话，狱卒队队长如此抗议。但是典狱长却对他的抗议充耳不闻，并表示：“你别多嘴，听我的话就对了”。于是队长只能颓然走开，心里当然不是滋味。

狱卒队长虽然是个讨人厌的家伙，但对比赛也有他的坚持。因此典狱长的话让他感到郁结不已，明明自己的队伍不用对方放水也一定能赢，为什么典狱长却不相信我们呢？但是在典狱长看来，为了获胜而使尽所有手段乃是理所当然的事，狱卒队长太天真了。

所谓掌权者，无论场面话说得再好听，真心话就是绝对不打一场会输的比赛。这是因为他们的手中握有让自己不会输掉的权力，而以最大程度发挥手中权力也是理所当然的事。既然以夺得联盟冠军为目标，那就不可以在这种练习比赛输球。因此无论是逼对方打假球，或是用其他手段都无所谓，只要最后能赢球就行了。

即使一辈子都无法出狱也不后悔

在第三节比赛开始后，保罗接连被对方抢走球，队伍瞬间陷入劣势。而囚犯队也发现了这件事，大家的想法不外乎就是“这家伙果然背叛我们了！”“他倒向典狱长那边，想跟我们说拜拜！”“这叛徒，比赛后有你好瞧的！”等等。就连杀人狂大叔也说“我要杀了你”，保罗身陷众人的恐吓中。

随着囚犯队渐渐陷入劣势，狱卒队也开始得意扬扬起来，球风变得粗暴不已。保罗也顺势假装受伤，暂时回到板凳区。

其实囚犯队当中还有一位负责担任训练员的老头。在电影前半保罗从事劳改工作时与这位老头建立起了友谊。他在年轻的时候殴打了典狱长，因此遭对方记恨，现在已经蹲了三十年以上的苦牢。

“你因为打了典狱长而要坐一辈子的牢，却还是不后悔做过这件事吗？”坐在板凳上，保罗询问身旁的老头。而老头则是笑着回答说“我才不后悔呢”。虽说典狱长之后的报复，让他在这里待了三十年，但至少当时他战胜了典狱长，因此完全不会感到后悔。

而老头的一席话可说是整出戏的转折点。保罗听完对方的话之后重整旗鼓，再次回到比赛，并率领囚犯队以惊人的声势迎头赶上，并在最后上演大逆转打赢比赛。每个囚犯都欣喜若狂，而另一方面，典狱长则是怒不可遏地望着为捡起那颗带领球队获胜的橄榄球，而背对伙伴们迈步前行的保罗，并将来复枪交给狱卒队长。“射他。他背对伙伴走向另一边就是打算逃狱。这算是现行犯，你开枪射他！”典狱长命令道。此时全片迎来最高潮，狱卒队长最后并没有开枪，而是放下来复枪并缓步走开。

在最后一刻，狱卒队长接受了自己与对方认真比赛，最后输球的事实。而典狱长则是独自一人被抛在场上，怒气勃发。

《最长的一码》在 2005 年被翻拍。剧情背景设定在特殊环境下打橄榄球，有狱卒队与囚犯队，一位君临监狱的典狱长，充满问题人物的球队，以及拥有灰暗过去的前知名球员等等……这种设定怎么可能会不有趣呢？但是我却没有看这部翻拍版，因为我觉得反正这会是部烂片。这部电影一定是塞入大量让人眼花缭乱的有趣要素，放入东拼西凑的搞笑桥段。

在这样的设定下，导演会有很多种拍法，而在这当中，是挑选何种剧本，采用何种执导模式呢？就这层含义来讲，奥尔德里奇所达到的目标就只有一个。这也让《最长的一码》成了一部名作。奥尔德里奇的目标就是“灵魂的自由”。而想要实现的目标中存在着优先级，摆明着说，这就是人生的胜败。

我总会想，奥尔德里奇真是厉害。他在电影的执导过程中除了实现自己的目标外，直到最后仍为电影裹上一层娱乐的伪装。普通的导演可没这等能耐啊！

而且奥尔德里奇并没有拍过太多所谓的电影大片，他的作品大多以中等规模的制作费为主。他的作品或许未曾大为轰动，但是在票房上还是获得了不错的成绩，因此直至息影为止，他一直都在拍电影。

我持续在思考，究竟他是如何在制片人的要求、观众与演员的期望，以及自己的目标之间做出折中，并长年获得拍片邀约呢？我想答案之一就是他成功地在想要实现的目标当中分出优先级。

即便身处监狱，心灵亦不受任何人支配

我常说“戈达尔的电影狂赔钱”，而奥尔德里奇则有好好帮片商赚钱。至少我还没听过他拍的电影有惨赔过。

戈达尔在狂赔钱之余，还能继续拍电影的理由只有一个。那就是“他是戈达尔”。而电影史上只需要一个戈达尔，不需

要第二个，乃至于第三个。有一个戈达尔就够了。戈达尔已占有这个重要位置。

不过，如果是奥尔德里奇的方法论，那就能加以引用。也就是“不要以自己不习惯的戈达尔作为目标，而是要成为可以实现的奥尔德里奇”。这是身为电影导演最为正确的道路。为此必须学习奥尔德里奇的方法论以及胜败观。换言之，奥尔德里奇本身就是一个目标。

那么下面就让我们来看看，为何他可以拍出这么多自己喜欢的电影吧。

基本上，奥尔德里奇是拍摄男性题材电影的巨匠，每次都会集结一群性格互异的大叔们来拍摄充满阳刚味的作品。他喜欢使用像伯特·雷诺兹、彼得·法尔克等稍显年长，但是实力强劲的演员来拍片。通过巧妙地使用这些散发男性荷尔蒙、演技极佳的个性演员，他拍出了一部部有趣的电影。在此之外，他不太拍那种谈情说爱的恋爱电影，但是仍能持续拍摄电影。

“男女情爱就是电影的全部。我说你为什么不拍恋爱电影呢？不拍恋爱电影可是无法在好莱坞成功的啊！”当我前去好莱坞时，许多人都这么跟我说。而在奥尔德里奇的片子当中，不太会出现那种让男人魂牵梦萦的女性角色。像他这种专拍男性电影的巨匠，按理说，一开始就处于劣势。

但是他仍然能持续于好莱坞拍片，因此他有一些值得别人仿效的地方。而专拍恋爱电影的巨匠就不用去管他了。我相信那种能够持续拍摄男性电影的导演，身上才会有许多值得学习的地方。

之所以他的电影能够获得还不错的票房，可不只因为剧本写得好啊！在电影的制作过程当中，他明显有一套自己的战略。

从某种角度来说，《最长的一码》是一部相当好懂的电影。由于把剧情背景设立在监狱里，所以都不用女性角色登场来推动剧情发展。

奥尔德里奇擅长的男性电影是权力斗争。权力斗争听起来很简单，但是所谓争夺权力的内容到底是什么呢？由于电影中角色是美国人，因此权力斗争的内容会被“自由”这个主题给拘束。

所谓自由，并非是囚犯们和乐融融地携手逃出监狱，或是在监狱当中赢得自治权之类的事情。这边讲到的自由是心灵层面、精神层面的自由。亦即身陷囹圄，心灵也不会受到任何人支配。

诚如我前面所写，担任教练员的老头是剧情上的重要转机。这位老头能够笃定地说：“我的人生从未后悔”。听到这句话还不感动的家伙，根本就没有看这部片的资格。

各位觉得这位老头已经在监狱待了三十年之久，为何还可以说自己完全不会后悔呢？保罗对此同样感到相当不可思议。但是他为什么又在之后突然想到些什么，而让心中豁然开朗，进而带领球队扭转颓势呢？保罗想到的乃是“人生的真相”，而他终于在监狱当中理解了这点。

不管是成为大富翁、继续当明星球员、尽快出狱，这些都不会是“人生的目标”。“人生的目标”乃是自己当下能做些什么，自己的灵魂拥有多少自由，自己又是否有证实这件事情的能力，与加以证明的觉悟。我觉得，这就是本章我所要谈论的主题。

也正因为主角身处监狱，这已经是最为底层的世界了，所以才能够让“人生的目标”得以成立，而其中又充满了戏剧性。因此我认为这是一部上班族都该观赏的电影。与此同时，当导演的人都该看几部奥尔德里奇的电影。

支配他人的诀窍就在于让对方认为有选择权

无论喜欢与否，每个人都身处于某个组织之中。身处组织之中，个人的主题除了要想办法表达自己的自由意志，或是做自己喜欢的事情之外，有时即便被组织强逼做些什么，也会通过拥有自己在其中想要实现的目标，而逐渐更改自己的主题。

因为只要这么做，自己就不会只是公司的齿轮或零件，也不会是单纯的学生 A、B、C。即便身负多么沉重的枷锁，自己的目标也只是在心中完成自我实现。

而在这部电影中，讲述的就是保罗这个男人于心中实现自身目标的故事。他是位因打假球而被禁赛的前球员，这是观影时需要注意的地方。因为这样一个男人在电影最后再次被要求打假球。

他的心里有时会有“如果我没打假球，现在就还是明星球员啊”的想法。如此一来既没必要给富婆包养，最后也不会因此落得蹲苦牢的下场。相信自己现在仍会以第一线球员的身份活跃于球场上。虽说观众不知道他之前是因为什么苦衷而打假球，但是仍看到他为了不再犯相同的错误而再次站起，此伏笔会让观众深受触动。

而且这次对方可是要求他在最后关头打假球，他就是在最为恶劣的环境下被对方要求打假球。这次与金钱无关，而是关系到灵魂的自由。如果他再一次打假球，这次可不知道会堕落到什么程度了。

即便巧妙地打了一场假球，并因此受到典狱长礼遇，也不过是待在监狱当中，之后他就要随时看典狱长的脸色办事，即便服完刑期也不保证能够出狱。那么也就只能跟典狱长拼了。

两人甫见面时，典狱长就说过“你能不能出狱全凭我心情”。反过来讲，典狱长就是这样自对方手中夺去选择权，由于典狱长想要完全支配整座监狱，因此就连自己尚有选择权的幻想都不留给对方。

结果这反而导致已经退无可退的囚犯们抱持着争取胜利的共同目标。而这也是典狱长咎由自取。典狱长可说是经营者以及掌权者的错误示范。即使是幻想，也该让对方认为自己还有选择权，明明这样做才能够支配对方啊！

假若百分之百否定对方的自由，那么对方接下来一定会发起非死即生的叛乱。靠暴力支配有其极限，因此即便再强大的独裁者最后还是会被击败。身为支配者，夺去底下人的选择权乃是错误行为。而奥尔德里奇的目的可不是拍摄这种支配者的剧情。但是在我看来，却觉得以如何支配他人作为主题相当有趣。

在一决胜负时，“优先级就是一切”，本书当中我已经重复提到这点好几次了。如果真的想要获胜，不考虑这场胜负的内容为何，最后就无法获胜。既然都要一决胜负了，自然就是想要从中完成某些事，因此如果没对想要实现的目标做个明确的定义，就一定无法获胜。就像奥尔德里奇也明确定义了自己想要实现的目标。

或许有许多人身处公司当中，而被迫将个人的目标给隐藏起来，一切以组织的目标作为第一优先。但是我却认为不一定如此，只是要判断是否该把这件事表露无遗，而这也是优先级之一。

即便个人的目标与公司的目标并不一致，是否就代表最后两者会背道而驰呢？以日本人的逻辑想来，或许会认为每个人都朝向个人目标奔去，最后就无法实现组织的目标了，但是我却认为两者并不矛盾。即便个人在公司当中完成自我实现，也不代表最后无法为公司带来利益啊！

对公司来说，最需要的事物是什么呢？究竟是利益？资金？全新事业？还是市场呢？我觉得，对公司来说最为需要的事物是人才。无论是在哪种业界、哪家企业，人才绝对都是最为需要的事物。公司面临的商业环境可说是日新月异，唯有仰赖人才的能力与干劲，才能够让公司在其中存活。

而猎头等手段可不是帮助公司获得优秀人才的好办法，是否能于公司当中形成“自我实现”的风气才是重点所在。相信日本曾经存在过那种企业，但是现在可不知道哪里还有员工可在其中自我实现的公司呢！

我有时会想，不知道日本的家电厂商到底在干嘛，明明市面上已经出现 iPhone 这种改变生活形态的产品。曾经创造出随身听的索尼是怎么了啊？

到底谁会想要那种能以智能手机确认节能状况的冰箱啦？话说，这也是其他家厂商的产品……

为什么这些公司会成为一家不仅不奖励自我实现，还对此加以禁止的公司呢？在我想来，是因为这些公司完成了某个目标之后，就不再拥有下一个目标的缘故。当这些公司在业界一家独大后，可完全没有想过接下来的目标为何啊！

我在讲的不是什么呼喊社会贡献的口号，或是建立新事业部门。无论是位处哪个部门或哪种人，都可以完成个人的自我实现，可是却无法通过工作完成自我实现，无论他的身份是上班族、公务员、策划，皆是如此。

对胜利方式设有条件的人必败无疑

《最长的一码》这部电影被包装成一部“让人感动的运动电影”，主人公通过橄榄球比赛与对方堂堂正正地对战，并击败了身为掌权者的典狱长。就连狱卒们也对囚犯队表示“你们挺强的嘛”，承认自己输球一事。而在比赛过程当中，囚犯队也与粗暴球风的狱卒队相抗衡，但是最后仍是以正大光明的球风赢得比赛，一雪往日的郁闷与愤慨。

这有点像是日本的不良少年漫画，敌我双方不打不相识，最后都互相认同对方的实力。而剧情就结束在卑劣的典狱长变成孤单一人的构图之下。

这真的有点像是日本《少年JUMP》的漫画会上演的剧情，那《少年JUMP》的漫画与奥尔德里奇拍的电影又有哪些差异呢?

当我第一次看到这部电影时，还是个学生。我发现这位导演的作品很有趣，之后就开始到处寻找奥尔德里奇的电影。奥尔德里奇着实拍过不少这类以热血、毅力为宗旨的运动电影。

而“胜败”是奥尔德里奇拍摄电影时的核心主题，虽说他以胜败作为主题，却将那些表面上的胜败，譬如打赢战争、战斗、比赛全都放在第二考虑。他总是一直想要阐明“通过胜利而实现的‘目标’是什么”这件事情，就像是我一直挂在嘴边的那样。

而说起来，那些实际的战斗胜败、比赛成败只不过是作为娱乐电影的包装罢了。重点在于那些参与比赛的囚犯以及狱卒们各自抱持着怎样的目标。只要能确实将这些目标给区分出来思考，就可以发现与《少年JUMP》的漫画之间有何不同了。

首先电影中有位典狱长，他一手策划了囚犯队与狱卒队的比赛，而因为他的目的是在最后夺得冠军宝座，因此一定要通过练习比赛让狱卒队获得自信。

为了让狱卒队赢得比赛，他不惜使用任何手段。

另一方面，他的目的也是通过比赛来挫挫囚犯锐气，告诉他们谁才是这监狱的老大，借此明确建立起监狱中的秩序。也就是说，典狱长一共有两个目标，而"以上述形式赢得比赛"则是他为胜利方式设下的条件，这可是在一决胜负时最要不得的类型。

我总是相当缜密地思考胜败观，我认为，当人们拥有两个以上想要实现的目标的时候，就会无法获胜。就像是过去的日本读卖巨人队。当时的日本读卖巨人队既想要借由轰出全垒打来获胜，又想要凭借长嶋茂雄获胜等等，像这种拘泥于"胜利方式"，而不是胜利的类型，毫无例外地都会以失败告终。恐怕他们会觉得这样才最为美好，但要这样与对方一决胜负，是不可能获胜的。

在一决胜负时还"挑三拣四"，那么根本无法获胜。另一方面，上司或是赞助商却会挑三拣四地要求我们。既要求员工提升自己的技能，更要做出质量优良、而非仓促了事的作品。他们就是会常常提出一大堆要求。

但是在此同时，我们却不能同时抱持两个，甚至于三个目标。或者应该说若是同时抱持多个目标，绝对会让每一个都以失败告终。

《最长的一码》当中的典狱长也是欲逐二兔，不得一兔，最后连狱卒们的信赖也失去了。相信在此之前，狱卒们都认为“典狱长掌握有绝对的权力，任谁都无法与他对抗，他可是掌握着我们所有人的命运啊”，做梦也没想过要去对抗典狱长才是。但是他们却发现，典狱长连让保罗这个痞子囚犯屈服都做不到。

典狱长订立了两个想要实现的目标，最后却全盘皆输。电影当中虽然没演到比赛之后的剧情，但是狱卒队最后恐怕没能夺得冠军宝座吧。

接下来则是狱卒队的目标。狱卒其实不像典狱长说得一样，有那么渴望州际冠军。只是因为典狱长对冠军宝座很执着，让他们可以欢乐地练习橄榄球，同时也可以喝酒，更可以获得额外奖金，就连想买什么装备都随自己高兴。

以这层意思来说，狱卒队的目标其实并不明确。因为目标全都是由典狱长设定。由于每天欢乐地练习橄榄球，比起狱卒本身的工作要有趣得多，导致他们最后就随波逐流，并未拥有自身的目标。而这同样是种绝对无法获胜的类型。

把设定目标一事全数交由他人负责，自己只要适逢其时地享受就行了。这种集团不可能获得胜利。说起来他们就像是在战争当中，因为自身权力变强而小人得志的官员或是基层公务员，完全将战争的大义以及如何结束战争一事束之高阁。他们可说是被自身权力日渐增强的快感，以及备受礼遇的满足感给冲昏了头。

不管监狱的典狱长怎么说，或是公司里的上司怎么说，如果自己本身没拥有目标也就没意义了。

或许各位会觉得身为公司的一分子，都得以公司目标作为优先，难以拥有自己的目标。特别是在大企业，底下的员工很容易会认为“目标是公司高层思考的事情，我们只要跟着干就好了”。总之只要没失败，上起班来就能享有安逸，同时也能领到退休金，退休之后就随自己闲云野鹤啦。

由于这类人都没有自己的目标，因此当自己需要一决胜负时，绝对都无法获胜。假如公司上下都没有拥有各自的目标，那根本就无法与人一决胜负。

一决胜负之后，绝对都会出结果，如果获胜还好说，若是败北时可得事先定出谁要负责才行，可不能用“我们尽力了，可是最后还是失败了！”之类的话来搪塞。

典狱长在电影中也是这么说的。有一幕场景是典狱长对狱卒队长说：“今年总会获胜了吧？我可是花了不少钱啊。你们每天的工作也几乎都是在练习橄榄球而已，你们知道今年再不赢球我可不会放过你们吧？”，对此狱卒队长的回答则是：“您放心，我们今年一定会赢球的！”

但狱卒队长却不是因为自己想赢球才这么说，他之所以会这么说的理由很消极，是因为再不赢球可不知道典狱长会如何整自己，自己甚至有可能要卷铺盖走人。在狱卒队中，没有任何一个人有无论如何都要夺得冠军的想法。他们仅仅是抱持想要获得更多礼遇，以及让工作变得更加轻松的想法之余，沉浸于权力增大的感觉当中，自我满足罢了。而这正是一个无责任感的体系。

而且当狱卒队长威胁保罗不得接下球队教练一职时，他表示“球队是我的”，这句话对典狱长的反抗心态可说是表露无遗。也就是说，典狱长与狱卒队长之间原本就互有心结，并非一块铁板。

接下来则是囚犯队的目标。他们在一开始关系险恶，而且想法也各自迥异。这群人的想法不外乎就是：“我们要跟那种杀人狂合作喔？”“谁知道保罗什么时候会背叛我们？”“话说我们为什么非得跟狱卒对抗啊？”“我其实不太想打橄榄球”之类的。

但这群人最后却得以上下同心，共同朝一个目标迈进。

囚犯们在一开始其实对比赛结果不甚在意，也因为长期被狱卒虐待，让他们的心态都变得较为消极。但是当他们将思考方向转换为“只要一次就好，我想要让狱卒们吃瘪”时，他们就形成了目标一致的集团了。

这种集团很强，因为他们已经别无退路。而且全体成员都抱持着相同目标。若是此时再不挺身而战，可就不会再有反抗的机会，之后只能一直遭到对方支配了。

以奥尔德里奇的话来说，这就是一种除了物理层面的自由，连灵魂层面的自由也被剥夺的状态。因此电影中人对此无法苟同，认为即便在物理层面，自己身处牢笼当中，也不至于让灵魂也遭对方支配。

电影中担任教练员的老头就是其象征。或许他一辈子都无法出狱了，但是他却给保罗一个意外的答案："打了那拳我很爽，所以怎么可能会后悔。"在我看来，《最长的一码》的剧情就是在讲这种胜负观。这是一部我绝对要推荐给各位的作品，那可是个很赞的老头啊，几乎让我痛哭流涕。

对谈
押井守 × 梅泽高明

——人只有在社会中才能实现自我价值

摄影 | 竹井俊晴

* 本页图右为科尔尼管理顾问股份有限公司日本代表梅泽高明。

押井守导演拥有众多的核心粉丝，世界级管理顾问公司科尔尼的日本代表梅泽高明也是其中一人。他在内容产业（content industry）方面拥有深厚造诣，也是日本政府目前推行“酷日本”（Cool Japan）政策的执旗手之一。这位知名经营顾问与押井导演展开这场别具特色的对谈，将带领读者进入押井世界一窥堂奥。

主持人｜听说梅泽先生是押井导演的死忠粉丝。虽说本书的内容以电影为主，但是其中亦有不少地方会令组织成员、公司职员产生共鸣。而梅泽先生的身份是经营管理顾问，他采用与他人迥异的视角来观察企业与组织。本次通过押井导演与梅泽先生的对话，或许可以从中发现全新的切入点呢。事不宜迟，现在就让我们来听听两人宛如异种格斗[1]般的对谈吧。

押井守（以下简称“押井”）｜听说您的职业是经营管理顾问呢。

梅泽高明（以下简称“梅泽”）｜是的。我负责帮助企业拟订战略、改革事业体构造和组织结构，以及删减支出等。我也帮助企业拟订三年更新一次的中期经营计划，简单来说，在这类案例当中，有时我会帮助企业建立经营企划的重点，或是将企业主依不同领域撰写出的粗略方针打造成具体计划，乃至帮助企业主寻找各个领域的合作对象等。

我本身则是擅于从消费品以及媒体等方面来做管理顾问活动规划。也是最近提出“酷日本”这个主题的创始者之一，我们与民间企业以及政府机关一起展开各项行动。而电影原本就是我很喜欢的领域，因此我今天期待与您进行深入的讨论。

押井｜我最近正在加拿大拍电影。之所以我会选择跑到国外，是因为我在日本越来越难拍电影。我不是一个会赚钱的导演，我想这或许可以说是我没有让许多人有油水好捞的报应吧（笑）。

此外我拍的都是科幻电影、奇幻电影，现在的日本观众对这类电影的接受度相当差，在国外还比较有这类需求，因此我也只得改到国外拍电影了。

梅泽｜但像是导演您在《攻壳机动队》《阿瓦隆》等作品当中的世界观[2]，我认为与现今的现实世界也相当吻合。

我想日本的电子厂商或许该抱持着《攻壳机动队》的世界观，并化身为实现“计算机化”社会的开拓者，如果能抢下此先机，相信就可以领先苹果（Apple）公司一步了。我几乎都想要去向日本的电子厂商提案了呢。

《攻壳机动队》的制作年份至今已经有十五年以上了。虽然现实社会已经与电影当中所描述的计算机化社会接近许多，但是人们还是要通过声控、触控智能型手机等方式，才能够连上网络。人们为了让连上网络的动作更接近大脑，甚至也研发出谷歌眼镜（Google Glass）。我想下一步或许就是推出《攻壳机动队》当中的人机界面[3]了。

贴近机械才是人类的理想状态

押井｜对个人来说，智能手机逐渐成为生活当中不可或缺的外部记忆装置。我认为也可以把它称作辅助计算机。接下来应该就会发展到将这个装置给放入脑袋的阶段了。

在《攻壳机动队》当中，人们对话的形式是通过电缆来传递真正重要的信息。如果是以电波来传递信息，则会有太多噪声干扰，以致无法保护重要机密，因此最后反而改以电缆作为传递重要信息的管道。而如果没有电缆则无法打造出电影当中的画面，这也是理由所在。

在思考如何以影像来表现信息时，我想了很久。究竟我该如何表现信息饱和，甚至于过度饱和的世界呢？最后我就打造出了一个宛如香港一般，布满原始广告牌，且充满噪音的世界。或许以画面来呈现，对观众会比较有说服力呢。

梅泽｜在《攻壳机动队》的世界中，“计算机化”与“义肢化”是关键词。而现在已经来到了装义肢的运动员可以在奥运会比赛的时代，我想这是否代表《攻壳机动队》的时代已经近在咫尺了呢？

计算机化社会除了蕴含法律伦理面的问题，对人类精神面造成影响也是论点之一。而提示出这些问题的，同样也是《攻壳机动队》。

押井｜在制作《攻壳机动队》的过程当中，我曾经听人说，让人造的义肢以及计算机等机械来贴近人类，效率极差，应该要反过来让人类去贴近机械才对。也就是将人脑打造成机械，最后那近似于机械的人类即为理想的人类。

梅泽｜也就是说让大脑去适应外接装置啰！

押井｜除此之外，最好让人类自小开始适应机械。我想总有一天，人类将会开创一个自小时候起，就将大脑数字化的时代，而不是为了要弥补身体残缺，或是提升能力而使用外接装置。

梅泽｜的确，虽说目前还没有发展到在大脑内植入芯片，但是我仍感觉最近的“数字原生世代”（Digital Natives）在大脑构成上与老一辈有所差异呢。即便无法长时间集中于单一信息，但是他们却能够立起诸多接收天线，并向信息群伸长自己的触手，他们这种瞬间统整大量信息的技能相当显著。我们这些非数字原生世代的人做不到的事，他们做起来却是稀松平常。

押井｜人类的大脑本身就是由突触（synapse）结合在一起的有机计算机啊。问题只是出在要如何逐渐将大脑训练成适应数字化的形态。因此或许计算机只是过渡期的产物，人类的大脑最后会计算机化也说不定。我想此时的人脑才是一具名副其实的“计算机”。

梅泽｜我觉得由 AI（人工智能）为我处理记忆，以及进行逻辑分析、定量分析会比较好呢。

押井｜的确，外部记忆装置在记忆上比人脑要可靠多了。我想这就可以为人类随着年纪渐长而产生的失智现象，来做个辅助。

梅泽｜说到这个，本书当中您提到捏造过去比较好呢（见第七章）。

押井｜如此想来，外部记忆装置能够帮助保存记忆到什么程度也是问题所在。毕竟相反地，保存于外部记忆装置的记忆也存在着否定当事人人生的负面部分。

人类只会选择将对自己有利的信息保存于大脑内，此外的信息则全数建文件并自大脑扫地出门。其实随着年纪渐长，每个人都在这么做，我最近也常会这么做呢（笑）。

人们不是假装自己忘记了，而是真的忘掉了对自己不利的信息。对自己讨厌的信息就不会看在眼里，人类就是这样子在保护自己。而这部分的功能则完全由人脑负责。

过去人们都认为这是因老化导致记忆退化，但是说起来这可能来自上帝的馈赠。我想人脑或许原本就具备此种功能。上帝在人脑当中写入了一个程序，让大脑具备了随着年龄渐长将多余信息给删节掉的功能。

原本这就与经济面上的最大效率相互矛盾。因此人脑的容量究竟能扩张到多大，以及该从何时开始停止成长与扩张，并且通过劣化来维持最大多数的幸福，我想这会是接下来人类的目标。

梅泽｜我觉得这已经开始成为人类的目标了。毕竟 AI 都已经可以在将棋领域战胜人类了。当外部记忆方面也由机械占压倒性优势时，人类还会剩下什么竞争优势呢？这是人类所要面临的问题。

企业亦然。演绎性的逻辑思考是企业拟订战略时的基础。而大数据已经成为时下的关键词了。这是一种归纳手法，通过尽可能分析这庞大的数据，从中得出某些领悟。无论是逻辑思考还是数据分析，机械都差一点就要比人类厉害了。

当机械能做到这种地步时，那究竟是哪里会决定企业的胜败呢？我想差异恐怕会出在企业如何看待那些只能靠人类直觉处理，无法靠 AI 处理的部分。

押井｜也就是说靠直觉做出决断的层级还是会留到最后呢？

错失乔布斯般优秀人才的大企业

梅泽｜在本书当中，您曾经多次提到电影导演与中层管理人员相同这件事。

押井｜以公司来说，中层管理人员是公司职涯当中的“中途点”。大家都会觉得，我只要能再往上爬，相信就会获得更多可以自行做决定的权力。因此对于打算在公司当中完成自我实现的人来说，中层管理人员不过就是个中途点罢了。我想他们都以成为企业高层乃至 CEO 作为最终目标吧！

自主创业就能够一步登天地完成此目标，总之，若是无法爬到高层，就无法达成自我实现。虽说电影导演属于中层管理人员，可是在某个时间点却能完成自我实现。这就是身为电影导演方便的地方。或许只有日本的导演才做得到这件事。像美国的导演可就做不到了。

梅泽｜那是因为导演之间的能力有差别吗？

押井｜基本上，在美国一位导演如果不自己当上制片人，并创办公司的话，就无法完成自我实现。由于美国的导演没有剪辑权，因此每位有名的导演都会自行创办公司，并聘请律师，开始当起制片人。像是史蒂文·斯皮尔伯格、詹姆斯·卡梅隆等人都聘请了大量的律师。而拥有多少有力的律师人脉，也是自己身为制片人的资产呢。

但我最近稍微有些明白了，并非掌握金钱的人就可以自由自在地拍摄电影。

梅泽｜没错。好莱坞是个只有工会的特别成员能够使用的“系统”，而不遵守工会规则的人无论有多少钱都没办法打进好莱坞，成为内部成员是唯一方法。因此日本企业捧着大钱闯进好莱坞之后，也是难以一展拳脚。

押井｜拿大把钞票砸人，或是用其他手段利诱，这些在好莱坞可都不适用呢。

梅泽｜那只会被对方当成肥羊宰杀而已。

押井｜去别人的地盘就只能照着对方的规矩来。在加拿大拍电影时，我也体验过非常严苛的情况。以为只要有钱就可以自由自在地拍电影，那根本是个幻想。

而身为导演，也一定要有某些不受控的部分，正因为不受控，才能当上一名导演啊！虽然导演明显就是收钱办事，拿别人的钱拍电影的角色，但完全受他人摆布可不是导演该有的价值。

虽说导演供他人驱使，但仍然有其无可取代的部分，譬如潜藏于体内的某种职人天性。因此即便剧本相同，换个导演就会拍出截然不同的一部电影。也就是说，导演本身虽然是中层管理人员，但是却只有身为导演才能完成自我实现，以制片人的身份可是无法完成自我实现的。

有斯皮尔伯格、卡梅隆参与其中的作品可不一定可说是他们的作品呢！果然还是要亲自于现场执导，才能够完成自我实现啊！这与在公司当上高层的意思完全不同。我想除了导演之外，也有其他职业能达到自我实现。

梅泽｜我们经营管理顾问的工作也有这个部分。客户雇用了我们，而我们则会与客户一起讨论，借此拟定该家企业的战略。这部分的作业属于对人方面，不同的经营管理顾问，也将产生截然不同的行事特色。

每位经营管理顾问对该家公司的想法都不同，“如果要与这家公司一起建立产业，那我想要为他们做到更多”，根据是否拥有上述想法，所产生的结果也将大为不同。当然，我们只是被雇用的人。

押井｜接下来我认为随着自己想要在怎样的组织当中完成自我实现，所需的方法论也将产生根本上的不同。

例如让我们来想想，乔布斯与丰田汽车的总裁有何不同呢？两人在外观上自然有着明显差异，譬如像是堀江贵文[4]这种风险企业的高层，即便身穿T恤配牛仔裤也很OK，但是丰田汽车的总裁可不能穿着牛仔裤上下班啊。这些外观上的不同究竟象征了什么呢？

梅泽｜乔布斯带给人一种宛如人文素养与现代科技结合的印象。换个说法，正因为他充满感性，又善于洞察人类，才能够创造出优质的产品及服务。

梅泽｜像是苹果的iPhone，以及索尼在过去创造出的随身听都改变了整个世界。也就是说，他们卖的就是一种生活形态。那为何现在的日本变得无法创造出这种产品了呢？

我想是否拥有过往经营者所要求的资质，这将产生决定性的差异。像乔布斯这种人除了握有作为新产品开发基础的科技，他们不只将科技当作自身资产，更通过经验把科技转化为自身所拥有的能力。而日本大概很难出现这种人才。

梅泽｜我觉得有很多这类人遗落在大企业的门外。问题在于传统的日本企业并没有那种构造，可以去接纳像乔布斯这种两者兼备的人才。此外，企业当中也培养不出这种人才。即便有，他们也会自己离开企业。

押井｜没错。

梅泽｜方才我们谈到了使用AI进行分析，以及此外的其他话题。我认为有很多公司，其中善于分析数据、处理数字等部分的员工能够当上中层管理人员，并进一步爬到经营阶层。

押井｜但是那样既无法跟上时代需求，也无法加以应对啊！

梅泽｜押井导演您很常使用“胜利条件”这个关键词，想请问您的胜利条件又是什么呢？

让自己处于无可取代的状态！

押井｜我的情况相当明确，作为导演个人的胜利条件就是留有拍摄下一部作品的权利。也就是永远拥有下一个企划的选择。而且也得不停提出各种企划，这种企划是别人做不来，只有自己才能加以实现的企划。

就算别人说“请给我企划就好”，那也得要想出这个企划无法由其他导演来执行的理由。而最快的方法就是自己撰写原作。以广泛的意思来说，我最近之所以在写小说也是为了扩大这方面的选择。

梅泽｜这样子，除了扩大选择，也能够让自己时时刻刻身处于独一无二的位置呢！

押井｜我们只能让自己处于无可取代的状态，而不是大多数人当中的其中一人。而对导演来说，如何去证明这件事，乃是最为重要的战略。我们必须不停去证明这件事。

也因为如此，我们必须去拍摄作品，借此更新自己的胜利条件。于是那些三年，乃至于五年都没有执导作品的导演，就已经无法向世人证明这件事了。我们要为了更新自己的胜利条件而拍摄电影，不管拍什么电影都是如此。

梅泽｜因此您是说在十年前获颁奥斯卡金像奖的导演也没有任何意义啰？

押井｜是的，完全没有意义。即便在过去拍出多么轰动的电影，基本上也没什么关系了。

梅泽｜这个观点也可以套用在企业上呢。一家公司若能持续证明自己是无可取代的存在，工作成效就一定很棒，同时拥有高获利率。因为它们是无可取代的。而企业所谓的品牌战略就是帮助维持这股期待的工作。

押井｜过去那或许会是专利，或是公司内部开发出的技术。就连模具店也常会说，这种模具只有我们会做之类的话。但是对现今的公司来说，在专利、技术之外，还有着其他无可取代的资产。

梅泽｜也就是广义的能力吧。以某种含义来说，专利也是能力的一种，譬如让他人觉得，某些画面只有押井导演才能够拍出，这大概也属于能力的一种。

押井｜自己是否真的能够拍出符合对方期待的作品，根本就不重要。让对方觉得自己能够拍得出来，才是重点所在啊！

摄影 | 竹井俊晴

对谈 / 人只有在社会中才能实现自我价值

所谓的自我实现就是这么一回事。重点并不是在向自己证明，而是在向外界证明自己。如此一来才能够完成自我实现。

人们都只是被“自我实现”这个词汇给蒙蔽了。我们绝对无法独自一人完成自我实现。虽说字面上写作“自我实现”，但事实上却需要站在社会性的基础上才得以完成。

能够以个人能力完成的自我实现顶多就是生小孩罢了。此外就要根据个人职业不同，在社会性的基础上逐渐完成自我实现。无论是策划，还是导演都是如此。只不过上述职业所拥有的技术较为特殊罢了。

从这一角度来说，上述职业与在普通企业上班者的本质并无不同。大家都是站在各自立场，先去说服身边的人，再去说服适合的上司，最后再去说服身为顾客的大众。若是将范围拉大，也就是去说服整个社会。

就结果来说，拥有自身目标的人会有出头之日

梅泽｜也有许多企业掌权人或是高层拥有自己的热情与志向。只是并不一定是那种“改写世界”的远大自我实现罢了。

举个例子吧，假设一家企业有五千位员工，再加上客户，整体人数就会攀升至数万人。有一类的企业掌权人或是高层，会以让这数万人未来都能够安居乐业作为目标。

而在设法维持现状，令企业经营处于稳定状态，从而实现此目标的过程中，他们会感受到自我实现。世界上可有不少这种超级认真的人呢。

当然了，对上述目标感受到自我实现可说是相当正派，但是以某种意思来说，这却又过于正派。我认为特别是在传统的大企业中，有许多都已经不再抱持那种“要通过自家产品与服务改变世界”的远大梦想了。

另一方面，新兴企业的创业者自然是胸怀大志，但是却有很多人在现实面无法追上自身梦想。

在担任经营管理顾问的过程当中，我很希望在大企业里，能出现更多想通过积极进攻来形成全新世界的经营者。如果大企业认真起来行动，就真的能够改变世界。而我也认为，真的可以由日本主导，建立起一个计算机化社会。当然前提是要日本的电子厂商能认真起来，并且与有志一同的伙伴联手。

押井｜重点就在于“目标”二字呢！传统大企业的经营者们没有所谓的自我主题，而主题亦即想要完成的目标，也就是说他们在完成目标的优先级上并不明确。

譬如在动画当中出现的坏蛋，他们在完成目标的优先级上都很明确。他们的目标并不是当上邪恶组织的头头，而是将征服世界摆在优先级的第一位。当然我也有想过，如果他们真的成功征服世界，那下一步又该做些什么呢？

以个人的层级来想，优先级当然会有所不同。像在我的周遭也有许多年轻人将目标设定为成为电影导演，但是对这些想要成为电影导演的人来说，成为电影导演就是他们想要实现的目标。因此当我问他们想拍怎样的电影时，几乎没几个人能够答得出来。

梅泽｜公司也是如此。想当总裁的人多不胜数。工作能力强的人拥有这种野心也是理所当然的事情，但除非被问到当上总裁之后想要干嘛，他能够明确回答出来，否则就无法真正将工作做好。

押井｜正如你所说。即便是那些任职于中小企业的老头，只要他们是能够完成自我实现的人，都会拥有想让公司成为日本第一的企业，或是成为世界级企业这类的目标，而不是单纯只想“当上总裁”。

梅泽｜就现实面来看，如果是一位拥有强烈个人目标的人，那么在当上公司总裁之前，对于追求的目标应该在某种程度上已经实现。感觉就像是完成自我实现的过程受到认同，因而成为总裁，并在当上总裁之后继续完成自己的目标。

押井｜就是如此，就只是在完成自我实现的过程时当上了企业高层。我想乔布斯绝对就是这种类型。

梅泽｜是的。我想他大概也对身为总裁一事没什么兴趣吧！

押井｜因此他才会大刀阔斧地将派不上用场的人给开除。他之所以能这么做，是因为在他看来，公司的优先级并不高。

公司只不过是个手段，帮助他实现自己想做的事。即便是电影，只要拥有想要拍摄的强烈念头，再加上努力，那么任谁都可以拍出一部电影。因为只要购买摄影机与计算机，就可以与职业电影从业人员使用相同的器材来制作电影了。

梅泽｜此外，还可以通过网络将自己的作品散播至世界各地。

押井｜这也是很重要的部分。只要拍出一部电影，并且把它散播给世人观看，在那一瞬间，这个人就是一名电影导演了，不管世人对他的作品是否认同。毕竟电影导演可没什么执照，或是国家认证之类的。电影导演并非想当就当得成，也不是怎样做就当得了，而是最后就这样成了电影导演。

戈达尔也曾经说过，电影导演不是固定职位，他只有在拍摄电影时会是一位电影导演，对外宣称自己是电影导演，那就与说自己是一位诗人没两样。我也相当广泛地涉猎电影导演之外的工作。我有时会写小说，有时则会推出漫画原作，也会在大学兼课，当然这也是因为光靠拍电影无法过生活的缘故。

梅泽｜“我是某某公司的员工”，这句话的背后意思是“容易被取代”。除了自己任职的公司之外，没有其他地方可以依靠的公司职员可说是相当辛酸。如果拥有想做的事情，并持续努力，无论身处何处都朝向自己的目标迈进，就会逐渐成为无可取代的存在。

押井｜基本上，那种身处某个组织所带来的安全感，对日本人来说就是自我实现了。日本也曾经处于一个通过考上东京大学，进入三菱商事等公司工作，即可完成自我实现的时代。但是现在这样的自我实现究竟还能再讲多久呢？

设定自身目标的基准就是“幸福论”

梅泽｜我认为无论是公司，还是由导演所率领的团队都是一样的，只要自主独立的个体能够形成健全的团队，并确实发挥其功能，那这就会是一支很强的团队。反之，即便集结再多无法自主独立的个体，也没什么用，但是却有不少公司会这么做。

像 SWAT 小队[5]这种精英团队虽然人数较少，但表现却总是很亮眼，是因为每位成员都拥有特定的职能，能够自主地做出判断。职能各有不同的成员们在互相联系支持，形成一个团队之余，每位成员也能够自主行动，所以并不是凑齐五个人就可以打造出一支 SWAT 小队啊。

押井｜日本人每次要想做什么新东西时，就只会想去成立新的事业部门，先去打造一个新事业的乘载体。结果导致新事业部门变成一处弃置场，专门堆放派不上用场的废柴。

无论是建立一个工作地点，还是打造出一个集团，都没有办法帮助解决任何事情。派得上用场的个人就是一切，在运动领域也是如此。

棒球员不该将成为读卖巨人队一线球员视为自我实现，而是即便舞台换到大联盟，也能够作为一名球员上场打球，以此视为自我实现。我想，松井秀喜、铃木一朗这些凭个人能力打棒球的球员，或许才够格称得上是所谓的职业球员吧！踢足球的中田英寿也是如此，由于他无法在日本这个框架内完成自我实现，因此才去往国外发展，去往国外发展一事并非他的目标，只是通往自我实现的过程。

梅泽｜在企业员工当中，拥有自身目标的人与没有目标的人，两者不仅在成长速度上截然不同，也会造成幸与不幸的差别。拥有自身目标的人无论去到哪里，都会持续追求自身目标，因此是幸福的。

押井｜如果没想到要如何设定自身想要实现的目标的基准，那就无法自行想到该基准。像我多年来虽然一直在思考自身想要实现的目标是以什么作为基准，但是直到接近六十岁，我才终于慢慢看到原本的基准。

梅泽｜什么是原本的基准呢？

押井｜那就是幸福论。基准在最后还是回到了这里，也就是如何让自己以及重要的人获得幸福。单纯的野心与痴心妄想并不能成为人生的主题。

并不是每个人都能够成为拿破仑。就连拿破仑本人，到最后也相当在意他那位约瑟芬夫人。无论是称霸欧洲的男人，还是大集团的高层，每个人都无法脱离幸福论并重获自由。

所谓幸福，并不是叫我们在可以选择的选项当中做出选择。能让人获得幸福的选项并没有这么多，这点要在年长之后才能够明白。在我来说，幸福顶多就只有一个左右。从这一角度来说，众多的目标最后也都是跳脱不出幸福论的窠臼呢。这是我看到乔布斯结束人生的方式而产生的想法。

乔布斯是因为使用奇怪的减肥方式减肥，最后才会罹癌而死。而在弥留之际，他也意识到那种减肥方式或许是错的。至今为止的人生全部都由自己决定的男人，却在最后承认自己在做出决定时的判断有误。之所以会这么说，是因为他还想要继续活下去。如果能战胜癌症的话，他就可以再活得更久一点，并做更多自己想做的事情。

而这就是他的幸福论，他在这部分失误了。他的心中过于相信自己的判断。从这个角度来看，随着抓在手中的权力越来越大，也越容易在贴近自己的部分判断失误。

梅泽｜在日本，许多认真的经营者，都对于能让前人建立的庞大组织永续经营，以及让在此组织周遭的人能够安居乐业，感到幸福。做出上述贡献就是他们的自我实现，我想有许多经营者都会在拥有幸福感之后退位。

押井｜那就是成就感吧。而对我来说，成就感并不一定是个目标。

梅泽｜至少光凭成就感可没办法改变世界呢。果然只有那些抱持着想要大幅改变世界，并为世界带来冲击的人，才能够胜任改变世界的工作。

押井｜完成自身使命一事，其实很好懂。譬如在一部电影当中，既有主角，也有配角，配角也是有他们的存在价值。我想，当配角得以成为一位知名配角时，他就能够获得成就感以及满足感。但是这与担任主角所代表的意思又完全不同了。

领导者，独自迈步向前的人

梅泽｜是否拥有自身目标，另一种讲法就是领导者与管理者的差别。拥有自身目标的人，就有可能成为一名领导者。这是经营学家野田智义说过的话。对于一名领导者来说，拥有组织或是团队都不过是单纯的结果。拥有宏远的视野，并独自朝向自己看见的某个事物迈步，这才是身为领导者的必要条件。而当某个人开始向前迈步，可能另外的两三个人看了觉得有趣，就一起跟在他的背后走，于是就形成了团队，成员也逐渐增加到二十到三十人。结果就产生了所谓的领导者。

押井｜这正跟电影的制作现场有着异曲同工之妙呢。虽说身为导演的我也要去说服旁人，但是却不可能等到说服所有人之后，才开始制作电影。首先，我要先开始制作电影。接下来只要等着旁人对此感到有趣，而自动聚集过来就行了。不这么做的话，可就太没效率了。

基本上，导演的工作就是让全体工作人员都朝向同一方向。剩下的工作只要交给各个负责人，他们就会自动帮我做好。

而对演员我也是采用相同技巧，让他们朝向同一方向。虽说每次来到全新的制作现场时，就要再次让全体剧组人员都朝向相同方向很累人，但我想导演的工作也就只有这样了。剩下的部分就可以偷懒一下了，这是我的个人原则。

梅泽｜在日本，那种看起来有老大气质的人很容易被当成领导者，但是我认为至少方才我们对领导者的定义，与是否拥有老大气质并无关系。或许就结果来看，领导者的身边的确会跟着许多人，并充满仰慕地叫他一声“老大”，但是这却不是重点。重点在于领导者是否能够看到远方的某个事物，并自行朝向该事物迈进。

押井｜无论是清水次郎长[6]，还是邪恶组织，大抵都是如此。刚开始都是由一个人发起，并在不知不觉间发展成巨大的邪恶组织。这可不是先培养坏蛋手下，譬如集结一大群不良少年，再给予训练啊（笑）。

梅泽｜对啊对啊，他们可不会做这种事呢。

押井｜邪恶组织又不是在服务社会，自然不会去干这种事。而究竟要成为邪恶组织的高层，还是要像鲁邦三世一样生活得自由自在，这也是关系到幸福论呢。

鲁邦这个男人，他的目标可是尽可能成为一位拥有自由身的坏蛋。

当我之前准备拍《鲁邦三世》的电影版时，最为困扰的部分就是“他已经没东西可以偷了”。让他偷到当今世界最珍贵的宝贝、最大的钻石，然后鲁邦三世就可以真正地成为鲁邦三世了。

当他成为世界第一大盗的瞬间，鲁邦三世就不用再为自己证明什么了，所以也就什么都不用偷了。因此宫崎骏先生才使用了一个狡猾的主题，那就是去偷走女孩子的芳心，这是一个最为经典的手法。之后我被委托制作鲁邦三世的第三部电影作品，但我可没办法再用这种卑怯的伎俩了。

那么又该让鲁邦偷些什么好呢？这让我感到非常苦恼。最后我终于想到要让他偷什么了，可是这个点子却不受任何一位制片人的青睐，企划因此半途而废。

梅泽｜您当时的点子是什么呢？

押井｜简单来说，我的点子就是让鲁邦三世这个男人原本就不存在。他只是由众人的意愿而形成的幻想，事实上电影中只有五门、次元、不二子、钱形这几个角色而已。而这四个人为了要维持自我身份，才需要鲁邦的存在。其中除了钱形之外，大家都是变装名人，于是他们就轮流扮演鲁邦这个角色。这就是当时我构想的故事情节。

梅泽｜那听起来很有趣呢！

押井｜但是这却完全不受制片人青睐，而当时我也还太年轻，没有足够的智慧可以去说服制片人。如果是现在，我应该就可以让制片人回心转意了，但是当时的我却只有一股冲劲，因此无法察觉这件事。果然当时我在手法上还不够成熟啊！

梅泽｜我还真想看看那种剧情呢。

押井｜现在才去拍也没什么用啰！因为都已经有这么多的“鲁邦”作品了。我想再去拍“鲁邦”这个题材也没意义了。

梅泽｜这也是因为鲁邦的故事很棒啊！

押井｜那种鞋子长得跟热狗面包没两样，还穿红西装的大叔，现在已经不可能被当作英雄了。每位英雄都有一定的保鲜期，而当时的我也还太年轻，又太笨，判断不出怎样说才能让自己的选项增加。

基本上，这个选项就是电影的企划，但并不是将五个，或是六个选项拿给制片人选择，重点在于将那五个，或是六个选项摊在制片人面前，并且否定自己心有所属的选项之外的其他选项。

我们要向制片人展现出自己多方考虑后，只有这个选项可用的态度。其他选项则是所谓的幌子，要将五个，或是六个选项摊在制片人面前，并一一说服制片人这些选项全都不能用，只有那个自己心有所属的选项可以用。

梅泽｜我们有时也会使用这种技巧呢。当我们向客户提出三四个战略的选项，并打算通过讨论让客户选择其中一个战略时，却发现我方属意的提案对客户来说，偏偏是门槛最高的一个。我们也会通过讨论，去向客户说明，即便现在选择实现门槛最低的战略，公司也会因此在十年后陷入经营不善的窘境。

押井｜这并不是在诈欺。我们没骗人，因为最后还是将客户引向有利可图的一方。

如果不这么做，这部电影一上映就会马上消失。事实上，几乎所有电影都会在上映一年之后消失，而拍摄那种能撑上十年的电影自然比较有效率，譬如鲁邦系列的《鲁邦三世・卡里奥斯特罗城》[7]。这类电影即便上映后经过十年，乃至于二十年，它们的影带还是有销路。

基本上，要制作电影的人都会想要被他人说服，想接受别人的说法。这是因为他们想要制作电影。而说服那些想要被说服的人，这种行为并不构成诈欺。

摄影 | 竹井俊晴

对谈 / 人只有在社会中才能实现自我价值

梅泽｜或者更应该说，说服客户是我们的义务呢。因为客户是为了建立能通往未来的成长战略，才花钱聘请科尔尼管理顾问股份有限公司啊。而我们的工作就是拟定出适切的成长战略，并静待客户表示“啊，我们想要展开这种成长战略！”客户就与那些想要制作电影的人相同呢。

押井｜他们就是想要去接受啊！看电影的观众也是一样，简单来说就是想要被骗。而且是巧妙地接受哄骗，被骗得心情愉悦。

而观众也肯为此掏腰包。他们都是在知道电影全都是骗人的前提下，来到电影院看电影。制片人与赞助商也是这样的。制作电影这件事有时候并非全然为了赚钱。因此我们才能够经营起电影事业，如果只是为了赚钱，那投资在其他产业我想会更好。我不确定电影会是个稳定的投资对象。

梅泽：综观而论，只有在好莱坞拍电影会是门好生意。

只有日本人肯买单的东西可不酷

押井：梅泽先生您非常热衷于推动“酷日本”。那您认为什么是“酷日本”呢？

梅泽：以我的定义来说，如果不能像押井先生的电影一样，在世界各地都有粉丝，并拥有一定数量的狂热核心粉丝，那就不能称之为“酷”了。只有日本人肯买单的内容或是商品可称不上酷啊！

我们并非想要通过“酷日本”，来让日本国内紧闭的生态体系重获生机。而是想要培育出能与世界级人才共事的日本人才，并打造出能深入世界各国市场的创意产业。

在看到导演您执导的《阿瓦隆》时，我觉得真是酷到不行。竟然能以日本人原创的才能拍出这么酷的电影，实在很不简单。而既像日本，又不太像日本这点，更是酷呢！

押井：拍完这部电影之后，我自己也吓了一大跳。看着屏幕上的半成品，怎么看都像是一部欧洲电影。于是我就把片子给拿回家，自己全部重新剪辑一遍，当时的自身目标则是让这部电影带有我的味道。

梅泽：不管看起来像是欧洲电影，还是日本电影都没关系，毫无疑问地，这都是导演您一手打造的世界观啊！

押井：制作现场也没有人能理解我在干嘛。由于当时的波兰几乎没人知道什么是计算机游戏，因此我只好先花上一整天为他们上课。譬如告诉他们什么是计算机游戏，什么又是 RPG

（Role-Playing Game，角色扮演游戏）之类的知识。如果我无法享受这些让人摸不着头脑的部分，可就没有办法在波兰工作了。

梅泽：重点在于，是否能打造出这种独具创意的世界观。而世界各地的人又是否能对此产生共鸣，并抱持着想要跟导演一起打造这种世界观的想法。制作团队并不需要全由日本人组成，就连导演也不一定要是日本人。因为这些都不重要，只要打造出独具创意的世界观，并尽可能推广至更多的领域，结果就能够实现所谓的"酷日本"了。

押井：搞不好电影的国籍，与我本人的国籍会不一样呢。显而易见地，最后完成的电影都有各自的国籍。《阿瓦隆》看起来明明完全就是一部欧洲电影，却仍被视为一部日本电影。只是其中完全没有任何一位日籍演员，就连语言也全都是波兰语，之后则是改为英语配音后于世界各地上映。我个人是日本人，也拥有日本国籍，但是我执导的电影，或许国籍不是日本呢。

梅泽：我喜欢的押井导演是个融合了现实与虚拟，拥有复杂国籍的人。那是一个与日本或美国都截然不同的国家。

押井：如果说我不是日本国籍，那又会是哪里人呢？我想我的国籍不会是波兰，也不会是加拿大，当然也不是美国。我想，我的国籍果然还是只有"电影"了。电影最根本的部分的确没有国籍，我不知该说那是文化还是什么好。但是以我的电影作品世界来说，其中以计算机与电玩作为中心的做法相当有日本人的味道，即便是外国人看到，也一定会觉得这些作品是由日本人拍出来的。

日本人信奉科技乃是战败后的心理创伤

押井：世界上的其他国家并没有推出这么多与机械、科技有关的故事。这是“二战”结束后，包含动画在内，日本电影最大的特征之一。而虽然不太有人提到，但动画却是其中的典型。

梅泽：而且也经常出现核能呢。像《铁臂阿童木》《机动战士高达》都是如此。

押井：即便是在美国，也不像日本这样，推出如此多以计算机、科技作为剧情主轴的电影。美国偏好更为古典的剧情，譬如男女之间的爱情，亲子之间的亲情等。即便是以科技作为主题时，也大多限定于特定种类的英雄片世界，日本则不是这样的。

梅泽：酷日本有另外一个定义，那就是作为艺术与科技的接点，进而引发革命。如果只有科技，厂商可能就会做出那种性能高超，让人觉得“好厉害”的装置，借此引发革命，但是这种革命就太没有价值了。

押井：在日本的漫画与动画中，已经某种程度地诠释出科技的厉害之处。而国外也对日本抱持着这种理解。但是我想，日本人不一定都喜欢科技、技术这些东西。这是战后日本人的特色所在。

梅泽：但是日本人也很喜欢机关人偶呢。

押井：真的很喜欢。的确，日本人自古就喜欢那些做工精细的玩意。但那是属于职人技能的世界，并不是所谓的技术。技术可以细分，传达给其他人。我想，在战争当中输给了美国，果然还是令日本产生了心灵创伤，让日本人以为之所以会战败，是因为技术能力输给了美国，但这却是误解。

梅泽：误解是吧。

押井：日本人并不是输在技术上，而是在名为技术的思想上输掉了。

梅泽：也或许是输在管理的思想上呢。

押井：没错。日本人当时完全没有所谓管理与调查的想法，也是这样输掉信息战。日本人可说是在事物的思考方式上输得一败涂地。所谓技术不过是旁枝末节，这并不是在比较零式战机与格拉曼战斗机的性能优劣。日本人是想要以“输在技术上”这种理由来接受战败的事实。

梅泽：或是拿“输在物资数量上”之类的理由。

押井：日本人并没有输在物资数量或是技术上，而是输在思想上。

梅泽：美国很认真地思考，认为必须建造一套生产大量物资的系统，而日本则没想过。

押井：这就是人们常说的，要如何决定事物的优先级。当日本人思考优先级的层次是停留在如何打赢战争时，就已经战败了。而时至今日，有些日本人仍不想理解这件事，因此就想要把战败想成是输在技术以及物资数量上。而这种思想也流入了漫画、动漫等偏向大众娱乐的世界。

战后供日本儿童阅读的漫画也都属于此类。内容不外乎就是在讲述日本的技术如果能更优秀，应该就能打赢美国。譬如制作出比大和号更加庞大的战舰，或是将零式战机打造成喷射机等等……这就是我孩提时代常常阅读到的世界。而这种题材仍活在虚构的世界当中。以现代的风格来说，那虚构的世界就是网络、计算机。

梅泽： 而即便是虚张声势，只要让别人相信就是赢了。因为最先提出世界观的人，与创造这世界的人最为接近。

押井： 其实就只是大家自己以为真有这种技术存在。

梅泽： 因为想要制作该世界的人，只要让人这么认为，大家就会自动聚集过来。

押井： 外界认为《攻壳机动队》是数字动画（digital animation），这实在是夸大不实。因为《攻壳机动队》完全是部模拟（analog）动画啊！制作上几乎都是采用纯手绘，CG 部分只有五六十个分镜，其他部分则全为手绘。

在制作现场，大家只能绞尽脑汁地思考，该如何让这部作品看起来像是数字动画。最后我们只是巧妙地让它看起来像是数字动画，其实并没有使用到数字技术，而且我们也没有那个闲钱可以用来制作数字动画啊。

所以这果然又是一个骗人的把戏了。这是一部集众动画师之力，制作出来的机关电影。就像是人们看不到机关人偶的内部构造，因此会误以为那是一具机器人，但其实里面只是放入鲸须罢了。

曾几何时，动画几乎都做成数字动画了，而在《攻壳机动队》当中，其实数字技术没起到任何贡献，人们只是因为其他动机考虑而让动画数字化罢了。

梅泽：只是怕来到了现在这个数字动画的全盛期，日本人还是继续被蒙骗，每当提到数字动画时，就会联想到《攻壳机动队》这部作品。

押井：那是因为他们有先入为主的印象。结果我们只是因为没有预算，而不得不那么做罢了（笑）。《攻壳机动队》只使用了低于普通动画电影一半的作画张数，因为当时我们既没钱，也没时间。

因此就决定将精力集中在“徒具其形”这件事上。虽然我们为此可说是费尽苦功，但是却没有花多少钱。相反地，如果我们现在要认真地将《攻壳机动队》制作成数字动画，可得要花上一笔不得了的大钱啊！不管哪种方法都可以使用，这也是电影这个谎言世界的有趣之处。

1. 异种格斗
一种在比赛时可以使用散打、跆拳道、巴西柔术等多种格斗技术的格斗形式。此处指对谈激烈，发散性强。——编者注

2. 导演的世界观
押井导演描绘出一个计算机化社会，在这个社会当中已经实现了于大脑内埋设芯片，并以大脑直接链接网络的技术，无须再去操作任何装置。

3. 人机界面（Man Machine Interface）
负责于人类与机械之间传递信息的机器与程序之总称。

4. 堀江贵文
日本企业家，曾任日本门户网站活力门（livedoor）的 CEO，是日本 IT 界的代表人物之一。——编者注

5. SWAT 小队
Special Weapons And Tactics（特种武器战术部队）的简称，设置于美国警察单位（市立警察局、州立警察局、保安局等）的特殊部队，用以应对穷凶极恶的犯罪以及恐怖袭击。

6. 清水次郎长
日本幕府末年、明治年间的黑道侠客，拥有被称作“清水二十八人众”的强大手下。——译者注

7.《鲁邦三世・卡里奥斯特罗城》
于 1979 年上映的日本动画电影。导演：宫崎骏，编剧：宫崎骏、山崎晴哉。为 Monkey Punch 原作之漫画作品《鲁邦三世》的第二部剧场版，是宫崎骏首度受到重用执导的电影作品。

梅泽高明

科尔尼管理顾问股份有限公司・日本代表 / 全球董事会成员

毕业于东京大学后，曾于日产汽车担任营销等职务。后于麻省理工学院斯隆管理学院取得 MBA 之后，进入科尔尼管理顾问股份有限公司纽约办事处服务，并于 1999 年转任日本办事处。以日本国内大企业为对象，提供公司战略、事业组合、全球战略、组织改革等方面的经营管理协助。为日本 GLOBIS 经营大学研究所客座教授、日本经济产业省“酷日本官民有识者会议”委员、日本内阁府“税制调查会”特别委员。

押井守

电影导演

生于 1951 年，东京都大田区人。毕业于东京学艺大学教育学部美术教育学科，大学期间即开始独立制作电影。1977 年进入龙之子制作公司，同年推出的电视动画《一发贯太君》为其初次执导的作品。1980 年跳槽至小丑工作室，师从鸟海永行。于 1981 年受拔擢为《福星小子》的总导演，其后于 1984 年推出的剧场版动画《福星小子 2：绮丽梦中人》更是备受瞩目。同年自小丑工作室离职成为自由工作者。《攻壳机动队》（1995）一度占据美国《公告牌》（*Billboard*）杂志录像带销售排行榜第一名。主要作品包括剧场版动画如《天使之卵》（1985）、《机动警察剧场版》（1989）、《攻壳机动队 2：无罪》（2004）、《空中杀手》（2008），以及真人电影《阿瓦隆》（2001）等。亦推出小说《立食师列传》（2004）、舞台剧《铁人 28 号》等，在多种文艺创作领域都有其活跃身影。

摄影 | 竹井俊晴

/ 后记 /

在虚构中升华个人的修养

无论是在军队、企业里，还是在电影的制作现场，组织活动的原理都并无二致。

不外乎就是“人际关系”与“胜败观”。

当置身于组织之中，并想要带动这个组织，借此实现某个目的（去满足胜利条件）时，就必须充分理解上述两个要素。

而“幸福论”可以帮助打下上述两个要素的基础。

对于军队中的下级士官与企业中的中层管理干部，这些要在具体且平常的情况下维持并运用组织的人来说，需要有必备的修养，但事实上，获得这些修养又是相当的困难。

他们会发现在军校或商科中学到的“知识”没有任何帮助。即便置身战场或者职场时，通过亲身体验而积累的“经验值”也不够。那么又该如何掌握带动组织前进的方法呢？对此，所需的必要条件又是什么呢？

答案就是“人的修养”，再无其他。

曾经，那些被称作庶民的人通过看戏小屋，或是寄席[1]掌握了某种学识。

在过去，不管是职人、学徒，还是大型店铺的老板，大家也都是通过观看世话物、人情噺[2]等表演来感受人的语言，去了解人内心的细微变化。

人类这种生物究竟是何其愚昧，又有几成可信呢？

而到底又是怎样的“价值”，在引领着人类，推动着世界的发展呢？

人类一生能够获得的“经验”究竟是有限的。人生苦短，所以我们从自我的经验及邂逅中能够学习到的“人的修养”也是有限的。因此我们需要逐渐将别人的经验融入到自己的“经验”当中，而这类经验则是以“虚构”的形式存在着。

电影、小说、漫画，全都是可以用来体验“他人的人生”的形式。在这些“虚构”的形式中我们可以毫无风险地去体验他人的人生。而电影其实就是一种用来窥探他人的装置。

看戏小屋与寄席在现代已经成为特殊的“传统”场所了，但是电影院却到处都有，而为了那些没有时间去电影院看电影的人，坊间也有影片出租店。在了解“流行趋势”之外，为了更有效地学习古今东西“人的修养”，我想善用影片出租店的经典电影区会很好。

当然，如果只是漫无目的地观看电影，则不可能自动掌握“人的修养”。曾经在看戏小屋及寄席，存在着一群被称作“戏通”的人，而现在在看电影的人中，也存在着所谓的“电影通”。无论是接触任何技艺，或是为了让此技艺获得他人的好评，都必须要能“潜下心去研究”。因此在欣赏电影方面也需要多加训练，才能够在充分享受电影乐趣之余，从他人的人生当中学到教训。

唯有通过“谈论”电影，能够精进自己欣赏电影的技艺。也唯有通过“谈论”电影，才能够确立自己“看过”一部电影的事实。而事实上，想要巧妙地谈论一部电影，则需要拥有“人的修养”。

本书只是一本范本集，用来告诉各位如何谈论电影，以及通过谈论电影，从中获得“人的修养”。如果各位能通过谈论电影而学习到“人的修养”，并在各种商业场合派上用场，身为导演的我将感到不胜荣幸。

押井守

写于工作处

1. 寄席

表演讲谈、落语、浪曲、万歳等日本传统技艺者为方便观众观赏，而坐在其上的席位。——译者注

2. 世话物与人情噺

分别为日本歌舞伎、落语的剧本类型。——译者注

/ 出版后记 /

闻名于世界动画领域的日本导演押井守，常在作品中围绕着虚拟与现实、意识与存在展开哲学思辨，个人和集体间的关系也是其一贯探讨的主题，比如在《机动警察》和《攻壳机动队》两大系列中，他就分别刻画了名为“特车二课”和“公安九课”的组织机构。在带领团队的执导过程中，押井守也抱持着如下理念——“电影导演不是独裁者，而是‘中层管理人员’。”本书即是他对普世性工作智慧的体悟和总结，有趣之处在于，押井守讲解职场中各式困境与抉择的载体，是电影。

“无论如何，人一生所能接触的事物，对这世界而言，只是沧海一粟罢了。”《攻壳机动队》中的这句台词侧面印证了押井守对虚构的赞许，而电影正是能拓宽我们生活体验的重要媒介。作者选取了 1949 到 2012 年间、欧美和日本制作的电影，题材涵盖战争、间谍、体育竞技、绝地求生等不同方面，但主题都和组织管理的经验教训相关。押井守把电影中的人物对应摆在公司里下属、中层、老板的位置上，介绍了各级角色以“胜利条件”为核心的思考与言行方式：“我”想取得怎样的胜利？这要求“我”具备哪些条件？如何借集团的力量达成目标？想明白这些问题，也就掌握了避免沦为“丧班族”、在企业中自我实现的处世之道。

作者在教授职场课的同时，也提供了理解电影的一套新鲜思路，相信你会从其务实又锐利的分析方法中得到启发。书中另附押井守导演和知名经营顾问梅泽高明先生的精彩对谈，两人从各自的视角观察经管文化和科技社会，碰撞出专业智识的火花。

在编辑过程中，我们按照通行标准统一了人名和片名的译法，依据中文语言习惯对部分语句进行了调整，如有疏漏之处，还请读者朋友们不吝指出。

在本书中，押井守导演不仅讲述了自己在动画业界的工作状态，还在对比之下发表了对宫崎骏、高畑勋、庵野秀明、铃木敏夫等前辈、同行们的看法。他的深度访谈集《誰も語らなかったジブリを語ろう》（暂译《说说谁都不会说的吉卜力吧》）则更细致地披露了日本动画巨头吉卜力工作室的创作模式和运营形态，此书的中文版也将在未来与读者见面，敬请期待。

另外，为了开拓一个与读者朋友们进行更多交流的空间，分享关于后浪剧场、后浪电影学院系列图书的“衍生内容”“番外故事”，我们推出了“后浪剧场”这个播客节目，邀请业内嘉宾畅聊与书本有关的话题，以及他们的创作与生活。比如配合本书内容，我们就已录制相关节目（第35期）。敬请关注该节目的微信公众号（参见本书后勒口的二维码），或者在微信搜索栏搜索“houlangjuchang”来获取收听途径。

“电影学院”编辑部

后浪出版公司

2018年12月

图书在版编目（CIP）数据

我每天只工作 3 小时：押井守的角色学 /（日）押井守著；谢承翰，高詹灿译．-- 成都：四川人民出版社，2018.10（2018.12 重印）

ISBN 978-7-220-10809-9

Ⅰ．①我… Ⅱ．①押… ②谢… ③高… Ⅲ．①职业—通俗读物②成功心理—通俗读物 Ⅳ．① C913.2-49 ② B848.4-49

中国版本图书馆 CIP 数据核字 (2018) 第 114797 号

四川省版权局著作权合同登记号
图字：21-2018-317

WOMEITIAN ZHIGONGZUO 3 XIAOSHI: YAJINGSHOU DE JUESEXUE

我每天只工作 3 小时：押井守的角色学

著　者	［日］押井守
译　者	谢承翰　高詹灿
选题策划	后浪出版公司
出版统筹	吴兴元
编辑统筹	梁　媛
特约编辑	刘　坤　陈一凡
责任编辑	王其进　熊　韵
装帧制造	墨白空间・黄　海
营销推广	ONEBOOK
出版发行	四川人民出版社（成都槐树街 2 号）
网　址	http://www.scpph.com
E - mail	scrmcbs@sina.com
印　刷	北京天宇万达印刷有限公司
成品尺寸	143mm × 210mm
印　张	8
字　数	115 千
版　次	2018 年 10 月第 1 版
印　次	2018 年 12 月第 3 次
书　号	978-7-220-10809-9
定　价	49. 80 元

编绘：[日]手冢治虫
译者：谢鹰　雷丽媛

书号：978-7-5596-2225-9
定价：888.00元
出版时间：2018.10

《火鸟》（精装函套版）

历时三十四年，手冢治虫的巅峰之作
日本漫画界至高经典，首部简体中文版，后浪漫倾力引进

内容简介 | 它拥有无尽的生命，跨越时间与空间的鸿沟，其存在具象了人类对于生命长存的期盼，其鲜血成为贪婪者不择手段想要得到的"灵丹妙药"。志士仁人、魑魅魍魉，在这亦真亦假的多元世界里，将如何区分人和鬼？"永生"又会是对人类的"致命诅咒"还是"终极幸福"……